创业基础

郭　璐　吴志兴　石兴安　张莉萍　编著
　　　　　　周江菊　杨长泉　主审

西南交通大学出版社
·成都·

图书在版编目（CIP）数据

创业基础 / 郭璐等编著. —成都：西南交通大学出版社，2017.8
ISBN 978-7-5643-5677-4

Ⅰ.①创… Ⅱ.①郭… Ⅲ.①大学生–创业–高等学校–教材 Ⅳ.①G647.38

中国版本图书馆 CIP 数据核字（2017）第 201835 号

创业基础

郭　璐 吴志兴 石兴安 张莉萍　编著	责任编辑　罗爱林 封面设计　严春艳

印张：9.75　　字数：244千
成品尺寸：185 mm × 260 mm
版次：2017年8月第1版
印次：2017年8月第1次
印刷：四川五洲彩印有限责任公司
书号：ISBN 978-7-5643-5677-4

出版发行：西南交通大学出版社
网址：http://www.xnjdcbs.com
地址：四川省成都市二环路北一段111号
　　　西南交通大学创新大厦21楼
邮政编码：610031
发行部电话：028-87600564　028-87600533
定价：25.00元

课件咨询电话：028-87600533
图书如有印装质量问题　本社负责退换
版权所有　盗版必究　举报电话：028-87600562

前言
Preface

早在1989年,创业教育的概念就由联合国教科文组织在北京召开的"面向二十一世纪教育国际研讨会"上首次提出来。这次会议报告阐述了21世纪"学习的第三本护照",即创业能力护照,要求把创业能力教育护照提高到目前学术性和职业性教育护照所享有的同等地位。实际上,创业教育的实践在欧美发达国家已经有了几十年的发展。1947年哈佛大学商学院就开设了创业课程。1953年德鲁克在纽约大学开设"创业与革新"课程,以培养学生自我创业能力为目的的创业教育在美国兴起。20世纪80年代,创业教育开始突破商学院的边界而面向所有学生,成为美国高等教育阶段发展最为迅速的领域之一。与此同时,日、英、德等高等教育发达国家开始将创新创业教育作为优先支持和发展的领域。当前,创新创业教育已经成为世界高等教育改革和发展的趋势。

作为对创新创业教育世界性潮流的回应,中共中央国务院于1999年颁布《关于深化教育改革 全面推进素质教育的决定》明确提出:"高等学校要重视培养大学生的创新能力、实践能力和创新精神。"2002年教育部确定清华大学、中国人民大学等9所高校率先进行创新创业教育的试点。2008年教育部通过了质量工程项目建设的30个创新创业教育人才培养模式试验区。我国的创新创业教育以教育部2010年下发的《关于大力推进高等学校创新创业教育和大学生自主创业工作的意见》为标志,开始进入新的发展阶段。从1998年清华大学举办第一次大学生创业计划大赛到现在,创新创业教育得到了巨大的发展,当前已经形成了三种经典模式。第一种提倡将第一课堂和第二课堂结合起来开展创新创业教育,强调创新创业教育的意识培养和知识构建,以完善学生的综合能力。这一类模式以中国人民大学为代表。此类模式通过开展创新创业教育专题讲座,创业计划大赛、创新大赛等活动,为第一课堂做依托,同时以创业项目和社会组织教育实践活动,鼓励学生积极投入到社会实践中去。第二种提倡创新创业知识和技能培养与实践的教育模式,以北京航空航天大学和浙江大学为典型代表。此类模式认为,创新创业基本素质的培养是帮助学生提升个人能力迅速成长的良好途径。第三种以上海交通大学、清华大学为代表。此类模式更加系统科学,在专注培养大学生的创新精神和创业能力的同时,为学生提供创业所需资金和必要的技术咨询服务。此类模式提倡学生在实战环节中学习,并培养其创新创业基本素质。

纵观当代中国创业实践,一方面,从中央到地方,围绕"大众创新,万众创业"相继出台了一系列相关的政策和激励措施,可谓"山雨欲来风满楼,黑云压城城欲摧"。另一方面，如何把诸如措施等这些有助于创新创业的外生因素转化为创新创业增长的内生因素，既缺乏一套切合中国现实状况的理论体系指导，又缺乏相对长期的创业基础理论教育的积淀。

"创业基础"是以经济学、金融学、管理学、行为学和心理学等多学科为基础，旨在揭示创业活动的规律性，以指导创业实践活动的一门应用性科学。当前，这门课程已经成为各类高等院校各个专业的选修或者必修课程。然而，"创业基础"这门课程理论体系仍然处于逐步完善阶段，近期出版的相关教材虽然也有一些特色，但是仍很难找到一本理论体系相对成熟的。本书是在作者多年创业教学、科研与实践的基础上，充分借鉴已有的研究成果，尤其针对新常态下中国发展驱动力转型的大背景，以及中国创意创新创业的现状、问题和特点，力求使本书的理论体系更加规范、合理，以突出本书的实践性、应用性和前沿性。本书的主要观点是作者多年教学、科研和创业辅导成果的结晶，由此决定了本书所具有的特色：更加完善、系统的理论体系；致力于理论拓展的案例剖析；结合读者自身及现实问题的情景解读；更不乏作者对"创意、创新、创业"活动的开创性观点与应用。

本书根据"创意、创新、创业"活动的基本过程特点，将创业基础理论体系分为七个章节，即"三创"与个人价值、创业者、创业团队、创业机会、创业资源、创业计划、初创企业。本书主要由郭璐全面设计编写大纲，并负责总纂定稿；周江菊、杨长泉负责本书全面的主审工作。本书具体编写分工如下：郭璐编写第一、二章；吴志兴编写第四、七章；石兴安编写第三、五章；张莉萍编写第六章。在编写过程中，中国企业管理研究会常务副理事长、北京师范大学博士生导师魏成龙教授，著名经济学家、中原经济发展研究院院长耿明斋教授，黔东南州金融办主任陈震博士后，贵州财经大学研究生院院长张军教授，省委改革办吴尊平副研究员等多位专家提出了极其宝贵而中肯的意见和建议，并给予大力支持。所引用的资料主要来源于中国知网、经济日报、人大经济论坛、教育部，以及与"创意、创新、创业"有关的文献等，参考文献书目附于书后。同时，该书是贵州省教育科学规划课题（黔教办〔2017〕11号，编号2016B285）的阶段性研究成果，并得到凯里学院"创新创业教育课程建设项目"的资助（编号院通字〔2017〕49号），在此对以上各方深表谢意。

由于编者水平有限，书中难免存在一些不妥之处，甚至存在尚未发现的错误，敬请广大读者批评指正。

编著者
2017年6月1日于凯园

目录
Contents

第一章 "三创"与个体价值 ·· 1
  第一节 创意、创新与创业 ·· 2
  第二节 基于"三创"的人生发展路径 ·································· 9
  本章小结 ·· 12
  复习与思考 ·· 12

第二章 创业者 ·· 13
  第一节 "三创"人格 ·· 13
  第二节 创新思维 ·· 16
  第三节 "三创"能力 ·· 25
  本章小结 ·· 31
  复习与思考 ·· 31

第三章 创业团队 ·· 32
  第一节 创业团队概述 ·· 32
  第二节 创业团队的构建 ·· 36
  第三节 创业团队的风险管理 ·· 40
  本章小结 ·· 43
  复习与思考 ·· 43

第四章 创业机会 ·· 44
  第一节 创业机会概述 ·· 44
  第二节 创业机会识别 ·· 49
  第三节 创业机会评价 ·· 54
  第四节 商业模式的开发 ·· 59
  本章小结 ·· 69
  复习与思考 ·· 69

第五章 创业资源 ·· 70
  第一节 创业资源概述 ·· 70
  第二节 创业资源开发 ·· 73
  第三节 创业资源整合 ·· 76
  第四节 创业资源管理 ·· 80

  本章小结 ··· 83
  复习与思考 ·· 84

第六章 创业计划 ·· 85
  第一节 创业计划概述 ·· 85
  第二节 创业计划书的撰写 ······································ 96
  本章小结 ··· 112
  复习与思考 ·· 112

第七章 初创企业 ·· 113
  第一节 成立新企业 ·· 113
  第二节 新企业的生存管理 ···································· 129
  第三节 新企业的经营管理 ···································· 141
  本章小结 ··· 148
  复习与思考 ·· 148

参考文献 ·· 149

第一章 "三创"与个体价值

【学习目标】

了解"创意、创新与创业"的基本内涵,理解"创意、创新与创业"赋予社会个体价值实现的基本规定性,把握"创意、创新与创业"对于社会个体成功成才的引领价值和深远影响。

导读

> 生活是公平的,哪怕吃了很多苦,只要你坚持下去,一定会有收获,即使最后失败了,你也获得了别人不具备的经历。
>
> ——马云

创新是一个民族进步的灵魂,是一个国家兴旺发达的不竭动力,也是中华民族最深沉的民族禀赋。在激烈的国际竞争中,唯创新者进,唯创新者强,唯创新者胜。创新驱动上升为国家战略具有划时代的意义,而创新型人才培养则是构建创新型国家的核心所在,已得到全社会的普遍关注。

从经济社会发展的形式来看,知识经济的兴起,使国家的核心竞争力越来越表现为对人力资源和知识成果的培育、配置和调控等方面。知识促进经济的发展,是以高素质的创新创业型人才为基础的。中共十七大报告明确提出了"提高自主创新能力,建设创新型国家"和"促进以创业带动就业"的发展战略。创新创业教育是适应经济社会发展和高等教育自身发展需要形成的教育理念和实践。高校作为国家创新体系的重要组成部分,实施创新创业教育为贯彻落实党中央提出的"提高自主创新能力,建设创新型国家""加快转变经济增长方式""以创业带动就业"战略提供有力的人才和智力支持。当代中国,没有任何时候比今天更需要培养创新意识,更需要推崇创业精神。从高等教育自身改革发展的趋势来看,高等教育的可持续发展既包括规模发展,也包括质量提高,而未来高等教育发展的主要任务是提高质量。

大学生是最具创新创业潜力的群体之一,然而,当前大学生创新创业能力培育面临着环境不完善,大学生创新劲头不足、创业能力不强,创新创业教育学科体系不完善,师资队伍缺乏,实践环节薄弱等问题。高校开展创新创业教育,培养大学生创新创业能力,是教育系统深入学习实践科学发展观,服务于创新型国家建设的重大战略举措;是深化高等教育教学改革,培养学生创新精神和实践能力的重要途径;是落实以创业带动就业,促进高校毕业生充分就业的重要措施。国家已经把创新创业教育列入《国家中长期教育改革和发展规划纲要》,并把创新创业教育融入人才培养的全过程,其核心是培养大学生的创新精神和创业能力，改革人才培养模式和教育内容，将人才培养、科学研究、社会服务紧密地结合起来，实现从注重知识向更加重视能力和素质的转变，提高人才培养质量。创新创业教育所具有的重大战略意义和教育价值，已经被高校广泛关注和普遍认同。2002年4月，教育部在清华大学等9所大学开展创新创业教育试点工作，这标志着我国高校创新创业教育由自发探索阶段进入到教育行政部门引导下的多元探索阶段。

第一节 创意、创新与创业

创意、创新和创业是创业过程的基本内容（简称"三创"），也从不同的方面影响着初创企业的进程和初创成果，社会个体价值的实现程度取决于自身的"三创"能力，因而初学者有必要把握三者的基本规定性。

一、创 意

（一）创意的内涵

创意是指基于对现实的认知和理解，所衍生出的一种新的抽象思维和行为潜能，是具有新颖性、有用性的创造性想法。"创"的基本含义包括创新、创作、创造等有助于社会经济发展的要素；"意"的基本含义包括意识、观念、智慧、思维等人类最大的财富。创意起源于人类的创造力，来源于社会，反过来又引领社会发展。人类是创意、创新的产物。类人猿首先想到了造石器，然后才动手动脚把石器造出来，而石器一旦造出来类人猿就变成了人。人类是在创意、创新中诞生的，也要在创意、创新中发展。

创意是人类意识活动中的一种积极的、富有成果性的表现形式，是人们进行创造活动的出发点和内在动力，是创造性思维和创造力的前提，它能推动和激励人们发动和维持进行创造性活动。

（二）创意的作用

1. 创意是社会个体价值得以实现的逻辑起点

创意实质上确定了一种新的人才标准，它代表着人才素质变化的性质和方向，昭示着一种重要信息：社会需要充满生机和活力的人、有开拓精神的人、有新思想道德素质和有现代科学文化素质的人。它客观上引导人们朝这个目标提高自己的素质，使人的本质力量在更高的层次上得以确证。它激发人的主体性、能动性、创造性的进一步发挥，从而使人自身的内涵获得极大丰富和扩展。

2. 创意促成社会多种要素的变革与配置，推动经济社会的全面进步

创意根源于社会生产方式，它的形成和发展必然进一步推动社会资源的挖潜与配置以及社会生产方式的进步，从而带动经济的飞速发展，促进上层建筑的进步。创意进一步推动人的思想解放，有利于人们形成开拓意识、领先意识等先进观念；创意会促进社会政治

向更加民主、宽容的方向发展，这是创新发展需要的基本社会条件。这些条件反过来又促进创意的扩展，更有利于创新活动的开展。

3. 创意是决定一个国家、民族创新能力最直接的精神力量

创意推动社会生产力的发展。科学的本质就是创新，科学技术的每一次进步都是通过创新实现的。科学技术的迅猛发展对人类社会各个方面都产生了深刻而广泛的影响。创新更新了人们的生产工具和生产技术，提高了劳动者的素质，开辟出更广阔的劳动对象，推动了社会生产力的发展。在今天，创新能力实际就是国家、民族发展能力的代名词，是一个国家和民族解决自身生存、发展问题能力大小最客观和最重要的标志。

二、创　新

现代管理学大师德鲁克认为，创新是企业家的具体工具，也就是他们借以利用变化作为开创一种新的实业和一项新的服务的机会的手段。企业家们需要有意识地去寻找创新的源泉，去寻找表明存在进行成功创新机会的情况变化或者征兆。他们还需要懂得进行成功创新的原则并加以运用。

（一）创新的内涵

创新理论奠基人熊彼特认为，"创新"是社会经济发展的动力源。作为资本主义"灵魂"的企业家是创新的主体，企业家的职能在于通过预见到潜在利益，敢于冒风险，能首次将新发明引入经济活动，即创新。那么，什么是创新呢？

在熊彼特看来，所谓创新就是由从来没有过的一种或多种生产要素组合而成的生产体系；创业就是这种新组合向实践转化的过程。熊彼特以"经济循环流转"为研究对象，从静态经济学入手研究"创新"，认为经济主体如果按照以往经验和习惯"下意识"地完成各自的任务，只是属于简单再生产，表现为规模的增加，而不能实现"发展"，这里所说的"发展"在熊彼特看来才是真正意义上的创新。

创新是以新思维、新发明和新创造为特征的一种概念化过程。创新（innovation）一词是由拉丁语"innovare"转化而来的，意思是更新、制造出新的东西或者改变。拉丁语中"创新"有三层含义：第一，更新；第二，新创造；第三，改变。创新是人类特有的认知与实践能力，是人类主观能动性的创造性表现，是一个民族进步、社会发展的原动力。一个民族没有科技与理论创新，要想走在时代前列是不可能的。

（二）"创新"理论的演进历程

创新的本质在于突破，即突破旧的观念与思维定势。创新活动的核心体现为"新"，创新的内容主要包括三个方面：理论创新、技术创新与组织创新。创新首先是指理论创新，理论创新是整个创新思想的核心，是其他一切创新的基础，是最重要的创新。

1. 熊彼特的主要观点

1912年，经济学家熊彼特在其《经济发展理论》一书中首先提出了"创新创业理论"，并将创新界定为"建立新的生产函数"，也即"企业家对生产要素的新组合"，也就是把

以前从来没有出现过的生产要素与生产条件的"新组合"应用于生产体系。在熊彼特看来，创新可视为一项发明的应用，比较而言发明是原始的事件，而创新则是最终的事件；企业家的职能就是要创新引进"新组合"，从而使经济获得持续的发展。另外，熊彼特把创新看作是经济范畴，而不是技术范畴；创新只是把现有的科学技术引入市场体系之中，产生一种新的生产能力，它不属于科技上简单的发明创造。具体而言，创新主要包括以下五个方面：

（1）创新就是引入一种新产品或者服务。这种产品或者服务尤其能够弥补市场需求方面的空白。

（2）创新即采用一种以前未曾采用过的生产工艺。这种生产工艺是对现有的生产要素的创新组合，能够更为高效地生产出市场上同样品质的产品或服务，或者为市场提供新的产品或服务，这种创新并不需要建立在新的发明创造的基础之上，而是基于产品或者服务的商业价值目的。

（3）创新就是实行一种新的组织管理形式。在既定的资源条件下，这种组织管理形式方面的创新主要体现在生产、供应与销售三个环节的变革。例如，突破传统的实体店销售模式，而转向电商营销模式，这能够大幅度节约产品或者服务销售的成本，缩短到达消费者的时间与空间。

（4）创新即开辟一个新市场。开辟新市场既包括提供新的产品与服务，也包括使已有的产品或服务进入以前不曾进入的市场空间。

（5）创新获得一种新的供给来源。这种创新体现在改变了原来生产产品或服务传统上所使用的生产要素，它得益于新的技术方面的突破，或者来自于对原材料性能等方面认知的科学化。

2. 德鲁克的主要观点

20世纪60年代以来，创新活动日益被引入管理领域。彼得·德鲁克（Peter F.Drucker）《动荡年代的管理》一书的出版进一步发展了创新理论。他认为，创新是系统地抛弃昨天、系统地寻找创新机会，在意外的成功或者失败中寻求机会，在过程的需要中寻求机会，在各种不一致中寻求机会，在新知识萌芽时期寻求机会，在市场的需求和短缺中寻求机会，在认知的变化中寻求机会，在人口的变化中寻求机会，进而赋予资源以新的创造财富能力的行为。这类只要能够使现有资源的财富创造潜力提升的行为，都可称之为创新。

3. 其他学派的主要观点

熊彼特的创新观点主要强调做事方式的不同，Maquis指出企业这种创新是就企业局部而言是新的，而不是对经济整体而言的，但是Hansen和Wa-konen指出不可能以一种完全不同的方式做事。

Mary和Marina综合了前人的研究成果，提出企业创新是在特定经济社会环境下，企业生产通过接受、消化吸收，并应用有价值的新颖性知识，从而更新和扩展产品线、工艺、服务、制度的过程。该定义强调了五个方面：① 创新的技术源分内生性的技术或外部获取的技术两种；② 创新不仅仅是知识创造的过程，而且还包括知识应用的过程；③ 创新的结果强调投入的增值收益;④ 创新中所指的"新颖性"就组织自己而言是新的,而非对整个经济体而论;⑤ 创新分过程和结果两种。

如果说熊彼特的创新内涵更注重技术与经济的结合的话,那么随着创新理论与创新实践的不断深入融合发展,人们开始从更广义的视角去把握创新的内涵,认为凡是能进一步提高资源配置效率的各种活动都属于创新。人们对创新的理解不再局限于技术和经济的结合,而是力求将科学、技术、文化、政治等方面与经济进行融合,即创新表现为创业者和社会之间的交互作用的网络。这个网络中的任何一个结点都有可能实现创新的特定空间。创新行为也表现在技术、制度或管理等不同的侧面。其中,既有涉及技术性变化带来的创新,如技术创新、过程创新、产品创新;也有涉及非技术性变化带来的创新,如制度创新、政策创新、管理创新、组织创新、观念创新、市场创新,等等。

三、创　业

(一)创业的实践诠释

长期以来,学者们从不同的视角对创业的内涵进行了界定:创新的、灵活的、有活力的、有创造性的,以及面临一定风险的。就创业内涵而言,存在多种观点。分析问题、发现机遇、解决问题,是创业必不可少的三个环节。一些学者认为,创业还应包括创建并经营一家新的营利型企业,通过个人或一个团队参与组建、管理或者运营一个公司,为社会提供新产品或服务,以及有意识地创造价值的过程。创业内涵也有被界定为通过投入必要的时间和付出一定的努力创造不同的价值的过程。创业者在这个过程中需要承担金融、心理、市场等方面的风险,同时也期待能在物质财富、个人成就感等方面得到回报。国际管理科学学会在广义上把创业解释为"对新企业、小型企业和家庭企业的创建和经营"。另外,还有许多我们可以引用的定义。尽管创业的内涵界定多种多样,但是从中我们不难发现,创业内涵有一些共性的内容——质的规定性,它主要体现在以下几个方面:

1. 创新创业能力在创业中的重要作用

由于创业的成功能够给创业者带来精神和物质等方面的财富,所以很多人希望成功创业,期待成为企业家,但是不是每个创业者都能如愿以偿:有的创业者半途而废,大部分创业项目不了了之。

原因是多方面的,但是最为关键的原因在于创业者的创新创业能力的差异。德鲁克认为,经理人是企业中最昂贵的资源,而且也是折旧最快、最需要经常补充的一种资源,企业的目标能否达到,取决于经理人管理的好坏,也取决于如何管理经理人。之所以如此,归因于经理人在企业管理中的地位和作用。创业者创新创业能力的强弱决定着创业项目的运营方式、管理效率和运营成果,直接或者间接影响着创业项目的市场成长性。

2. 创新在创业中的引领作用

创业包括变化、改革、改造,以及新方法的引进。回想一下,戴蒙德·约翰一开始对他的顶端有带子的帽子所做的一切。这些产品在超市里找不到——这一特定群体的顾客需求没有得到满足。所以他就发明制造了一种新产品,并且在这个过程中,彻底改变了 hip hop

风格的产业。这个事例告诉我们，创业离不开创新。创新代表着创业的核心竞争力，是引领创业发展的催化剂和推动力。

3. 组织建设在成功创业过程中的保障作用

德鲁克认为：组织的目的是使平凡的人做出不平凡的事。组织建设是什么？它与创业有什么关系？为了寻求已感知到的创新机遇，为了去创造价值，就必须具备有组织的努力和行动。必须有人挑头来做一些事情——采取行动让创业型企业建立并运行起来。但如果没有一定的组织——不管是作为个人，还是作为团队（联想一下 FUBU 团队）——那种获得资源去寻求创业机遇的能力，即使不是被完全封锁的，也是有限的。高效的组织能够有效整合市场资源，最大限度地发挥生产要素的潜力，创造出比较高的经济效益。

4. 价值创造的激励作用

什么是"价值创造"？这里所说的价值创造既包括精神财富的实现，也包括物质财富的获得。一方面，创业主体通过创业实践而使创业主体自身的价值取向为社会所认同；尽管人们一般倾向于创业活动是为盈利而进行的，甚至大部分是这样的。但是，创业也会发生在社会服务机构、民间艺术组织，或其他类型的非营利性组织中。例如，苏珊娜·瓦拉德斯（Susana Valadez），是作为人类学家接受培训的，但现在他已成为一位热心的企业家，创建了一家公司，以帮助恢复惠考尔（Huichol）印第安部落的珠宝制作传统。由惠考尔文物和传统艺术中心（the Huichol Center for Cultural Survival and Traditional Arts）的工匠们制作的那些复杂的成串珠宝件，现在风行于美国、欧洲和日本，尤其在电影明星中间更为盛行。出售珠宝所获的资金用于帮助惠考尔印第安居民，以及保留这个部落的古老文化和艺术。

另一方面，通过企业家的整合劳动力、技术、资本等生产要素而生产出新产品或服务。通过交易满足了社会的某种需求，从而对某个消费群体或市场贡献一定的价值。简言之，当各种生产要素资源，通过企业家的创业被转换成了社会所需的产品或者服务时，这就是所谓的价值创造。在这个转换过程中，价值之所以能够被创造出来，是因为企业家正在创造一些能够满足人们需要的、有用的东西。换言之，当顾客购买这个创业型企业的产品或服务获得相应的使用价值时，通过金钱的交换而使这个企业的价值创造得以实现。

5. 创业者追求创业项目的成长性

创业型企业和其他小型企业的主要区别就是，创业型企业更为关注企业后期的成长空间。创业是创建一家企业，并在其成长过程中把握住发展机会。它不是静止不前，或满足于一个市场或一种产品。创业包含着成长。在创业定义中通常会发现的另一个主题是独一无二。创业包括企业家们愿意试验的新组合和新方法。因此，创业的本质意味着差异，而不是标准。通过创业，创造出独一无二的产品，尝试独一无二的方法。创业不是模仿别人所做的，而是做一些新的事情，一些未经试验和尝试的事情，一些独一无二的事情。

6. 创业是一个过程

这个过程就是决策和行动两个环节持续的动态交错，并螺旋式提升执行力和执行效果的时间序列。创业不是昙花一现，而是一个需要足够长时期的过程。它包括从创业伊始，到企业的运营管理,甚至到某一时间段的退出之间的所有的各类决策和行动。

在探讨了创业内涵的基本规定性之后,如何对创业进行界定呢?创业(entrepreneurship)是一个由创业者通过寻求市场机会、创新整合相关资源,创造出新的产品或者服务,以实现个人价值的过程。

创业有广义和狭义之分。狭义的创业是指创业者的生产经营活动,主要是开创个体和家庭的小业。广义的创业是指创业者的各项创业实践活动,其功能指向是成就国家、集体和群体的大业。创业是人生不懈的追求和奋斗的目标。

就业与创业紧密联系,不可分割,人们可以在就业过程中创业,在创业过程中就业。创业必须要贡献出时间、付出努力,承担相应的财务的、精神的和社会的风险,并获得金钱的回报、个人的满足和独立自主。对于一个真正的创业者,创业过程不但充满了激情、艰辛、挫折、忧虑、痛苦和徘徊,而且还需要付出坚定、坚持不懈的努力。当然,渐进的成功也将带来无穷的欢乐与幸福。

(二)"创业"内涵的历史演进

创业不是 20 世纪或 21 世纪特有的现象,早在 18 世纪早期,法语"entrepreneur"(企业家)第一次被用来描述"中间人"。理查德·坎蒂伦(Richard Cantillon,18 世纪著名的经济学家和作家),被许多人认为是术语"企业家"(entrepreneur)的创造者。坎蒂伦用这个词来表述在寻求机遇的过程中扮演积极承担风险角色的人。这个人——企业家——是拥有资本或资金但不愿意亲自去寻找创业机遇的人们之间的桥梁。这些企业家个人或团体不支付寻求创业机遇的资金,而只是作为中间人——积极的风险承担者。18 世纪晚期,创业的概念被拓展到不仅仅包括承担风险,还包括策划、引导、组织甚至拥有生产要素。

"创业"概念的英文"venture"一词的初始意义是"冒险",但是在创新创业领域,这个英文的实际意义远非单纯的"冒险",而是被赋予了"冒险创建企业"这一新的特定内涵,即"创业"。"创业"概念的另一个英文单词"entrepreneurship"主要表示静态的"创业活动"或者"创业状态",从词源上讲,它是由"entrepreneur"加后缀"ship"派生而来的。"entrepreneurship"表示"创业活动""企业家活动""企业家精神"等意思。

由于产业革命中的技术创新提供了连续发明和创新的推动力,19 世纪就成了创业活动的多产时期。19 世纪早期,当吉恩·巴普蒂斯特·赛(Jean Baptiste Say)提出创业所得的利润与拥有资本而带来的利润是相互独立的、有区别的这一理论后,把创业过程看作是一系列独特活动的观点就更加盛行。(如果你考虑到目前企业投资者在支持企业运转中的作用,即拥有并提供资金,那么这种区别在当前仍然是贴切的。)后来,在 19 世纪末,创业的概念在以提供资金盈利的人和以创业能力盈利的人之间的区别上,又发生了轻微的变化。

在 20 世纪早期,创业仍然被认为是与企业经营不同的。然而,在 20 世纪 30 年代中期,创业的概念被拓展了。也即当经济学家约瑟夫·熊彼特(Joseph Schumpeter)提出创业包括创新和未曾尝试过的技术,或者是他所谓的创造性毁灭的时候。创造性毁灭就是用相应的更好的产品、服务、工艺、观念和企业,来替代现存的产品、工序、观念和企业的过程。熊彼特认为,通过创造性毁灭的过程,旧的或者过时了的方法与产品会被更好地代替,通过对旧的方法和产品的毁灭迎来对新的方法、产品和服务的创造。他还认为,企业家们是创造性毁灭过程背后的驱动力。他们是把突破性的思想和创新带入市场的人。熊彼特对创造性毁灭的描述更进一步突出了创新在创业中的重要作用。正如前面我们对创业的定义所述，创新和独特性的概念是（并且通常已经是）创业活动不可分割的部分。

技术的不断革新打破了许多技术工人的"铁饭碗"。当技术革命的浪潮一次又一次出现后（熊彼特称之为创造性毁灭），那些已过时的技术不断为新的技术所替代。创新创业的机会也恰恰是这一过程的具体体现。

20世纪最后的发展来自彼得·德鲁克（Peter F. Drucker）。彼得·德鲁克被称为现代管理学之父，其著作影响了数代追求创新以及最佳管理实践的学者和企业家，各类商业管理课程也都深受彼得·德鲁克思想的影响。无论是英特尔公司创始人安迪·格鲁夫，微软董事长比尔·盖茨，还是通用电气公司前CEO杰克·韦尔奇，他们在管理思想和管理实践方面都受到了德鲁克创新思想的启发和影响。他提出创业是使机会最大化的内容，创业是企业家们对机会的认知及相应的所采取的行动。德鲁克提出，创业不仅仅是在有蓝图的情况下发生的，也会作为对企业家如何看待未曾使用、未曾开发的机会的一种回应而产生。

研究表明，创业经历了漫长而又丰富多彩的演进历程，但是，这仅仅是其中的一小部分，创业的发展史并没有完全展开。创业是一个社会持续进步的动力源，创业进程伴随着人类经济活动水平的提升而日趋深入，以至于触及社会的各个角落；反过来，创业又引领着一个社会发展大潮。

四、创意、创新与创业的关系

随着知识经济、创业经济的来临，"创业"与"创新"相互作用和集成融合，对于推动我国高等院校创新创业教育及创新创业型人才培养、深化创新创业的理论与实践、构建创新型国家具有重大且深远的影响。

（一）创意、创新与创业之间的联系

1. 创意、创新与创业三者目的上的一致性

创意一般是基于个人价值实现动机而产生的，创业是为获取一定收益或者个人价值的经济行为，创意和创业与创新的本质是相通的。因为创新本身不是目的，而是通过重新组合可能的生产要素，满足市场和创新者的某种需求或者通过创造市场需求，最终获得潜在收益、超额利润或个人价值的经济活动。

2. 创意、创新与创业三者本质上都是一个从无到有的开创性过程

创意是基于现实问题思考和认知基础而衍生的，它的一个重要特征在于其开创性；创新通过理论或实践推出新的知识产品或者物质产品，这种知识产品或者物质产品是以前不曾存在的；创业的目标是获取预期收益，其手段离不开创办企业，无论其目标或手段都是一个从无到有的过程，从这个角度而言，创业是一种开创性的实践活动，也是属于创新的范畴。

3. 创意、创新与创业三者相互促进，密不可分

创意是创新创业行动的先导，决定着创新创业的方向，反过来，创新创业实践又会影

响创意的内容；创业是创业者主观能动的开创性实践活动，是一种高度的自主活动，在创业实践中，创业者的这种主观能动性将会得到充分的发挥和体现，这种能动性进一步创造性地深化了创业实践；创新的价值在于能够为创新者带来潜在的商业价值，尤其是巨大的超额利润，它引领着创业的方向和节奏，是创业成功与否的关键所在。

（二）创意、创新与创业的区别

1. 创业源于创新，创新的价值通过创业来体现

创业是实现创新的过程，创业源于知识与创新，创业的创新性是创业成功与否的关键要素，也决定着创业预期收益的高低；创新是创业的本质和手段，创新的价值就在于将潜在的知识、技术和市场机会转化为现实生产力，实现社会财富的增长，造福于人类社会。而实现这种转化的根本途径就是创业。创业者可能不是创新者或发明家，但必须具有能发现潜在商业机会并敢于冒险的特质；创新者也并不一定是创业者或企业家，但科技创新成果则经由创业者推向市场，使潜在的价值市场化，并转化为现实生产力。

2. 创业是创新的基础，创新引领创业

一个社会的创新能力是建立在创业能力的基础之上的，创业能力的强弱直接或者间接地影响创新的深度与广度；创新代表着生产力的发展方向，对创业有导向作用。

3. 创业推动并深化创新

创业者以其主观能动性对生产要素进行重新创造组合，从而推动新产品或者新服务的不断涌现，创造出新的市场需求；反过来，这又进一步推动创新走向深化，进而提高了企业甚至整个社会的创新能力，推动了经济的发展。

4. 创意是意识形态，创新创业则属于物化形态

创意一般表现为思想上对事物的基本看法和观点，仅仅停留在思维的层面；而创新创业则表现为与创新创业实践相结合的过程，并赋予实践不同的特点。

第二节 基于"三创"的人生发展路径

一、中国的"双创"时代

随着《关于扶持小型微型企业健康发展的意见》《关于深化体制机制改革加快实施创新驱动发展战略的若干意见》《关于大力推进高等学校创新创业教育和大学生自主创业工作的意见》《关于发展众创空间推进大众创新创业的指导意见》等创新创业相关的纲领性文件陆续出台，从而为万众创新搭建了广阔的平台，以此为契机，大众创业、万众创新开始由梦想开始全面转入实践阶段，拉开了构建创新型社会的序幕。

与宏观政策相呼应，北京、上海、广州、深圳、重庆、杭州等地结合自身地域特征、经济水平、文化特色提出了创业规划及相应的规章制度，为大众创业提供支持，开始了对

双创空间的实践探索。

在中央与地方大力推进"双创"的大背景下，各个层面的创投基金、风投基金相继成立，在资本市场上也日渐活跃；公司、高校及科研部门开始加大研发资金与创投力度，加速进行资源整合，在全国的高新产业园区中挂牌的创新型企业数爆发式增长，"创意产业"日渐成为经济新的增长点；越来越多的年轻人雄心勃勃地开启了义无反顾、倾心创业的征程。时代的最强音——"三创"正在向我们走来！

二、经济增长原动力转向——"创意、创新和创业"

中共十七大报告明确提出了"提高自主创新能力，建设创新型国家"和"促进以创业带动就业"的发展战略，从此，中国经济步入新常态，中国经济增长模式开始呈现出结构优化、速度变化、动力转换三大特点。顺应新常态，重塑新动力，是中国经济保持中高速、迈向中高端的必然趋势。当前，推动经济增长的传统动力正逐步减弱，要实现经济较长时期的中高速增长，必须加快实施创新驱动发展战略，适应和引领经济发展新常态，推动经济提质增效。为此，必须造就扶持创业创新的体制机制、统筹各部门形成支持创新创业的政策合力，以"互联网+"为驱动推进中国经济社会创新发展、改造传统引擎增强发展后劲、充分发挥金融的扶持作用，为推动"大众创业、万众创新"提供政策支持，打造经济发展新引擎。

加快推进创意、创新与创业步伐、尽快提升"三创"能力，是打造经济发展新引擎、应对经济下行、提高市场竞争力的着力点和落脚点，也是确保经济持续、稳定、健康运行的长期战略，这是由"三创"的内在规定性决定的。这种转变的实质是对社会创造性劳动的尊重、倡导和追求。创造性的劳动与一个社会推进"创意、创新和创业"的深度和广度密不可分，要注重培育创造性劳动。创新、创业的目的，就是要激发出蕴藏在13亿人口中的"三创"潜能，提升经济机体的生机活力。

三、社会个体"三创"能力与人生发展

个体是一个社会的基本单元，个体的综合素质与行为特征在总体上使这个社会的政治、经济、文化等表现出一定的特点；反过来，一个社会的时代特征对行为个体也会产生不同程度的影响。社会个体的发展需要硬件和软件的支持，硬件即社会为个体发展所能够造就的外在条件，包括政策因素、科技水平、发展平台的建设状况，等等；软件即个体的专业技能和"三创"素质，"三创"素质包括价值观、意志力、"三创"热情和工作能力。

拥有"三创"能力的个体，可以改变人生轨迹。正如我们所看到的那样，社会个体从一出生就是不平等的：有人生在山村，有人生在城市；有人生在贫穷的家庭，有人生在富裕的人家……这是社会个体不能选择的。但是在全球的各个角落，各行各业都有无数的杰出人士，有的是发明家、科学家，有的在企业担任高管，有的开创了自己的公司，这些杰出的成功人士未必都出生于优越的地区或者家庭。正所谓"英雄不问出处"，是什么改写了他们的人生？那些正直、诚实、守信的人，不论在工作中是白领还是蓝领，不论是在我们生活的社区边的小老板，还是带动了其他人就业的企业家，他们都独立而乐观地生存着，并为国家贡献着税收；是什么让他们找到了生存的快乐？成功的标志不是财富和地位，而

是内生的快乐和动力。这种精神动力来自于人们对自己的正确认识,来自于在多大程度上发挥了自己的潜能。而"创意、创新和创业"精神和意识,正是人们追求幸福和快乐的动力源。一个人可以取得的成就,在一定程度上取决于他的"创意、创新和创业"素质和"创意、创新和创业"能力。

(一)社会个体"三创"能力素质的社会价值

从经济社会发展的形式来看,知识经济的兴起,使国家的核心竞争力越来越表现为对人力资源和知识成果的培育、配置和调控,越来越表现为对智慧成果的拥有和运用能力。知识促进经济的发展,是以高素质的创新创业型人才为基础的。

创新创业教育是已经被欧美发达国家大学实践证明了的培养基于知识的创新创业人才的有效模式。1947年哈佛大学商学院就开设了创业课程。1953年德鲁克在纽约大学开设了"创业与革新"课程,以培养学生自我创业能力为目的的创业教育在美国兴起。1968年百森商学院在本科生教育阶段开设了第一个创业学主修专业。1971年南加州大学开设了第一个MBA创业学专业,把高等学校的创业教育提高到一个新的阶段。20世纪80年代,创业教育开始突破商学院的边界而面向所有学科学生,成为美国高等教育阶段发展最为迅速的学术领域之一。与此同时,日本、英国、德国等高等教育发达国家开始将创业教育作为优先支持和发展的领域,高等学校纷纷开设引进创业教育课程。创业教育已经成为世界高等教育改革和发展的趋势。1998年联合国教科文组织在法国巴黎召开的首届世界高等教育大会所通过的《21世纪高等教育宣言:展望与行动》提出:"为使毕业生就业,高等教育应主要培养创业技能和主动精神,毕业生将不仅仅是求职者,而首先是工作岗位的创造者。"此宣言更加清晰地指明了未来高等教育的使命,再次强调了创新精神培养和创业教育的重要性。

(二)社会个体"三创"能力素质的个人价值

1. 社会个体发展差异性的本质

创意是对生活的总结与阐释,是思维的灵动,是心灵的捕捉,创意无处不在。它仅仅是一个思维的小小转弯,但是常常为我们带来无尽的精彩,甚至成为人生发展的转折点。吴克杨在其《创造之秘》一书中明确提出,追索杰出创造者的足迹,他们并非生下来就是伟人,往往是从不打眼的、人们不以为然的活动中追求新意开始的。社会个体的发展也不例外,创意需要有一个敏锐的嗅觉和深邃的洞察力,以发现问题、分析问题,并找出解决问题的办法;也即从中把握趋势、选择先机行业,通过更新、创造新的东西,即创新创业,以熊彼特的创新理论解释,也就是进一步引入一种新产品或服务,一种新的生产方法,开辟一种新市场。

不妨来看一下我们亲身的感受。走在大街上,我们不妨留心一下身边提供同类产品或者服务的经营者,他们虽然面临着同样的行业环境,但是各自经营的业绩很难让人恭维:其中有的经营者生意红火,业务膨胀,利润远远超过身边的同行;有的生意清淡,利润微薄,以致破产。其因何在?不难看出,业绩优良的经营者或者在独特性方面占据一定优势,或者在成本价格方面有比较优势,或者在经营理念方面更胜一筹,等等。简单来说,就是"人有我精,人无我有",即创新。再譬如,我们都有自己的饮食偏好,我们都曾亲身感受过自己偏爱的餐饮店给我们所带来的非凡品质的菜肴及三日不绝的回味,我们也曾目睹这些店铺的盛衰过程，留给我们的更多的是思考和疑问，盛衰的根源在哪里？即使有良好的服务品质和行业环境，但是由于缺乏足够强的运营管理能力——创业能力，所以最终的结局可想而知。

这些现象和问题的实质在于经营者的"创意、创新、创业"能力素质的差别，在于这些经营者对产品或服务进行特定文化层面及产业层面的创造性"加工"，从而产生收益的能力强弱。"三创"能力素质包括专业知识素质、技能特征素质、良好的性格特征、敢于开拓的精神。其中，技能特征素质包括敏锐洞察力、持续创新能力、强劲的学习力、融会贯通能力。

社会个体的发展过程实质上是一个接一个选择与放弃、决策与行动不断持续的叠加推进，这一过程是个体日常的生活、工作与学习的基本周期。每次选择、决策与行动都在不同程度上融合了"创意、创新与创业"的基本规定性。这种规定性是全方位、多元化的，也正是这种程度方面的差异导致了不同甚至相反的行动后果。因而，个体"三创"能力素质是其人生发展表现出巨大差别的根本原因，也是社会个体多样性的根本所在。

2. 创意是改进社会个体综合素质的着力点，创新代表着社会个体全面发展的方向，创业则是社会个体"三创"能力的物化

创意给社会个体输入一种重要的信息：一个充满生机和活力、有现代科学文化素质和开拓精神的社会个体。它在客观上引导这个社会个体朝着这个目标积极提升自身素质，使自身的本质力量在更高的层面上得以实现。创新实质上确定了一种新的创造更大价值空间的标准，它代表着社会个体素质变化的性质、方向和幅度，它会使人的主体性、能动性、创造性得到更大程度的发挥，从而使人自身的物质与精神内涵获得极大丰富和扩展，从而实现个体的全面发展。

本章小结

本章主要介绍了"创意、创新、创业"的基本内涵及各自在社会个体价值实现过程中的作用，在阐述三者关系的基础上揭示了社会个体价值实现的原动力和内在本质。

本章主要知识点："创意、创新、创业"的内涵，创意、创新与创业三者的关系，社会个体价值实现的原动力。

复习与思考

1. 如何理解创意、创新与创业三者之间的关系？
2. 浅析"三创"在人生价值实现过程中的作用。
3. 结合"创意、创新与创业"三者的基本特征，谈谈自己未来成功成才的能力提升路径设计。

第二章 创业者

【学习目标】

了解"创意、创新与创业"人格的基本内涵,理解"创意、创新与创业"能力对于社会个体价值实现的重要性,掌握创新思维开发的方法与技巧。

导读

> 一个年轻人,如果三年左右的时间里没有任何想法,他这一生,很可能就不会有多大改变了。在这个世界上,一流的人才,可以把三流项目做成二流或者更好,但是,三流人才,会把一流的项目做得还不如三流。

历经三十多年的改革开放,中国经济体量一跃成为全球第二大经济体,质量效益也得到空前的提升。2008年金融危机以来,全球经济总体转向,中国经济改革也开始进入深水区。按照经济发展一般模式,当外延式增长达到一定阶段时,经济增长越来越受到各种资源要素的约束和瓶颈。基于此,以习近平同志为核心的党中央明确提出了经济的"新常态",以此为契机,围绕经济"新常态"制定了一系列有助于创新创业的大政、方针和政策,"大众创新,万众创业"已成为时代主题。

如何成为一名合格的创业者,首先就需要了解创业者所必备的基本素质,一般包括心理素质、身体素质、能力素质和知识素质。当然,这并不意味着创业者只有等到完全具备这些素质时才能够创业。只要有梦想、有想法,拥有实现梦想的基本素质和能力,你就可以大胆去创业。一般而言,创业之路漫长而艰难,创业者能否成功则取决于其"创意、创新、创业"的基本人格(简称"三创"人格),贯穿于创业整个过程的、最为关键的因素是创业者的创新思维能力,这种能力在创业过程中综合表现为创业者"创意、创新、创业"的能力(简称"三创"能力)。本章主要从创业者"三创"人格、创新思维开发和"三创"能力等几个方面阐述创业者成功创业所必要的条件。

第一节 "三创"人格

创业者的素质及其人生价值的实现程度取决于自身"三创"能力的强弱,"三创"人格为其全面发展提供原动力。"三创"人格是指行为主体在后天学习、生活与工作中表现和发展起来的，对促进自身的成长与成才起导向和决定作用的品质、信念、理想、意志力、道德、情感等非智力素质的总和。

一、"三创"人格的特质

"三创"人格的特质是对从事"三创"的社会个体素质的基本要求，是社会个体成功"三创"的前提。相对而言，这种特质一般包括以下几个方面：

（1）超强的好奇心与主动性；
（2）非凡的想象力；
（3）敏锐的洞察力；
（4）强烈的求知欲；
（5）自信；
（6）创新思维、系统思维与逻辑推断力；
（7）坚韧的毅力；
（8）开拓进取的勇气和胆略。

其中，（1）到（5）是从事"三创"前期认知活动的基本要求，有助于社会个体发现可能的、潜在的创业机会；（6）、（7）、（8）有助于把前期的认知成果引向深入，对可能的创业机会进行识别、评估和筛选，并使之走向初创阶段。

二、"三创"人格的作用

"三创"人格是导致社会个体成长差异性的直接因素，是决定其生活、学习、工作，以及其他社会活动的基础因素。

（一）"三创"人格是社会主体进行"三创"活动的心智基础

在市场经济条件下，面对瞬息万变的信息，日趋残酷的竞争，要取得一时的市场竞争优势相对容易，但要维系长期的竞争优势则十分困难。"三创"人格，作为"三创"个体相对稳定的心理特征，如果要持续表现出"三创"兴趣和"三创"倾向的习惯性，那么自身必须有坚定的自信、开放的思维、坚韧的毅力、自制的意志等这些从事"三创"活动所必需的心智要素。缺少自信，行动方面就会缺乏一种积极、向上、进取的学习和创新心态，离开独立思考与自治自控，自身的"三创"能力就不可能形成，更谈不上开展"三创"活动。

（二）"三创"人格是社会主体进行"三创"活动的能力基础

社会个体的核心竞争力和发展潜质越来越表现为对智慧成果的培育、配置能力，越来越表现为对智慧成果的拥有和运用能力，这些能力综合体现在对新知识的学习能力、资源的整合能力、技术的创新能力、人际关系的协调能力、环境的适应能力等几个方面，而这些具体能力正是"三创"人格的具体化。"三创"人格不仅仅意味着"三创"个体思维的独立性、原创性与质疑性，还意味着"三创"个体行为的有恒性、敢为性、灵活性和自律性。具有"三创"人格的个体在追求"三创"目标上的有恒性、在实施"三创"构想上的敢为性、在克服"三创"困难上的灵活性和在控制"三创"行为上的自律性，都为其提升竞争能力、凸显竞争优势，最终形成创新能力提供了良好的基础。

"三创"人格对社会个体的成才，对创业活动的成功和创新成果的产生具有导向、动力源等方面的作用。

1. 导向作用

社会个体在物质、文化生活水平方面之所以存在巨大差异，不是由其大众化的观念及行为所致，而是取决于其"三创"人格所表现出的"三创"能力的差异，如高尚的理想和信念、坚强的意志，能够在一个人的成长过程起导向作用。

问鼎海外的电商传奇，千亿市值的资本盛宴，阿里巴巴无疑为中国创业者演绎了"造富"的神话。在成功上市的光环之下，背后的创业故事、创新历程及其所蕴含的启示，尤其是马云"三创"人格的魅力也许比财富更有价值，也正是这种"三创"的愿景赋予他勇往直前的方向、激情和动力。

忘不了创业者当年的艰辛。从开翻译店到贩卖义乌小商品，再到一家一家敲门推销"中国黄页"，马云饱尝了创业的各种滋味。而在投资家孙正义的办公室里，仅凭6分钟动情的讲演，就换来一笔2000万美元的风险投资，成功之门慢慢开启。

"企业家是那些愿意把变革视为机遇，并努力开拓的人。"管理大师德鲁克的经典定义，也告诉世人，创业是格局的比拼、思想的较量。勇立潮头、把握趋势，离不开创新精神、风险意识，尤其是富有远见、有韬略的战略判断，这正是影响创业成败的关键。

今天，临渊羡鱼，仰慕阿里的成功，羡慕马云成了投资赢家，更应思考，为什么很多人错过了马云？当下一个"马云"来敲门时，又该如何应对？

用马云的话来回答：建立自我、追求忘我！人要有专注的东西，人一辈子走下去挑战会更多，你天天换，我就怕了你。

2. 原动力作用

创业者短暂的激情是不值钱的，只有持久的激情才能赚钱。这种持久的激情是社会个体"三创"人格的集中表现，也是创业成功的根本前提。

"三创"人格的素质能够对创业者的创业历程起到推动作用。在科学和艺术史上，有一类重大成果，需要创造者数十年的奋斗才能获得。在长时间的创造过程中，持之以恒、坚持到底的创新人格，对于创造活动起到了促进作用。

【情景导读】

很久以前，伦敦拆除了许多陈旧的楼房以开辟新的街道。然而，新路却迟迟没有开始，旧楼房的地基在那里任凭风吹、雨打、日晒。

有一天，一群自然科学家路过这里，他们发现，在这片几十年来未见天日的地基上，这些日子里由于接触了春天的阳光雨露，竟然长出了一片奇花野草。更为奇怪的是，其中一些花草却是英国人从来没有见过的，它们一般只是生长在地中海沿岸国家。

这些被拆除的楼房，大部分属于罗马人沿着泰晤士河进攻英国时修建的，花草的种子大概就是那个时期被带到了这里。这些种子被压在沉重干燥的石头砖瓦之下，一年又一年，几乎完全丧失了生存的机会。然而，令人感到吃惊的是，它们一旦遇到适合的条件，就立即展示出勃勃生机，绽开一朵朵美丽的鲜花。

小小的种子真令人慨叹，它们是如此的柔弱却又如此的坚韧，即使在沉重的砖瓦下被压上数百年，它们依然能够保持自己鲜活的生命。一旦阳光照耀、雨露滋润，它们便又焕发出勃勃的生机。一粒种子，即使被埋没数百年，依然蕴藏着生的希望。同样，一个人，当他处于困境时，又当如何呢？

有一年，一支英国探险队深入到撒哈拉沙漠的某个地区，在茫茫的沙海线里跋涉。阳光下，漫天飞舞的风沙像炒红的铁砂一般，扑打着探险队员的面孔。口渴似炙，心急如焚——大家的水都喝光了。这时，探险队长拿出一只水壶，说："这里还有一壶水，但是穿越沙漠之前，谁也不能喝。"

一壶水，成了穿越沙漠的信念之源，成了求生的寄托目标。水壶在队员手中传递，那沉甸甸的感觉使队员们濒临绝望的脸上又露出了坚定的神色。终于，探险队顽强地走出了沙漠，挣脱了死神之手。大家喜极而泣，用颤抖的手拧开那壶支撑他们的精神之水缓缓流出来的，却是满满的一壶沙子。

故事里，炎炎烈日下，茫茫沙漠中，真正救了他们的，哪里是那一壶沙子呢？他们心头的信念，已经如同一粒种子，在他们心底生根发芽，最终领着他们走出了"绝境"。事实上，人生从来没有真正的绝境。无论遭受多少艰辛，无论经历多少苦难，只要一个人的心中还怀着一粒信念的种子，那么总有一天，他就能走出困境，让生命重新开花结果。人生就是这样，只要信念在，希望就在！

第二节　创新思维

一、创新思维的内涵和作用

（一）创新思维的内涵

科学技术是第一生产力，而创新则是科学技术的灵魂。学者对创新思维的定义有很多种。比较有代表性的界定是，大脑皮层不断地恢复联系和形成联系的过程，一般是以感知、记忆、思考、联想、理解等能力为基础，以求新性和综合性为特征的心智活动，只要能够为人们认识和实践开辟新的领域，为后人打下基础的，统称作创新思维。创新思维有别于常规性思维，它不是简单地依靠现有知识和经验进行抽象和概括，而是基于现有知识和经验进行联想、推理和再创造，对未知的问题进行探索并找出新方案的思维活动。相对于创新思维，常规思维体现为机械、片面、思路僵化等特征，在其思维结果上表现为重复模仿。创新思维需要通过人们的学习和实践才能不断地培养和发展起来。

（二）创新思维的作用

创新思维的作用主要体现在以下几个方面：

（1）创造性思维能够持续提升人类认知世界的水平，不断地增加人类知识的总量。创造性思维因其对象的潜在特征，表明它是向着未知或者不完全未知的领域进军，必将把人类的认知范围引向深入，持续地把未知的东西变为可以认识和把握的东西，从而都增加了人类认识世界的知识总量，提升了人类认识世界的深度和广度。

（2）创造性思维能够持续地提升人类的认识能力。创造性思维是一种高超的思维艺术，创造性思维活动及其内在的东西是无法被模仿的。这种内在的东西即社会个体的创造性思维能力。这种能力的强弱依赖于人类对历史和现状的深刻把握，依赖于敏锐的洞察能力以及分析、发现从而解决问题的能力，依赖于平时知识积淀的深度和广度。而每一次创造性思维活动都是基于主体的知识、思维能力的一次训练过程，因为要想获得对未知世界的认识，人们就不得不探索前人没有使用过的思维视角、思维方法进行思考，就要开创性地寻求没有先例的办法和途径去正确、有效地分析问题、发现问题和解决问题，从而极大地提升人类把握未知事物的思维能力，因而，认识能力的提高离不开创造性思维。

（3）创造性思维能够为实践开辟新的局面。创造性思维的开创性和高风险性特征赋予社会个体敢于探索和创新的精神，在这种精神的感召下，人们不拘泥现状，不满于现有的知识和经验，总是力图探索客观世界中未知事物的本质和规律，并以此为动力，创造性地开拓出人类实践活动的新领域。一个人如果习惯了自己已有的衣食住行，那么他也就认同了自己的现状，也因而注定了自己未来的命运和前程；一个人如果不满足于自己的现状，不屑于自己的命运，这就是他突破自己的开端——创造性思维的基本表现，未来的改变也正是从此开始。

创造性思维是人类将来的主要活动方式和内容。历史上的工业革命没能把人类从体力劳动中完全解放出来，而当今全球范围内的新技术革命，带来了生产全面的自动化，将人从体力劳动中解放出来，从事着编制程序、控制信息的脑力劳动；人工智能技术的发展和应用，"人工智能"能够从事一些简单的、具有一定逻辑规则的思维活动，从而又部分地将人从简单脑力劳动中解放出来。这样人会有更充分的精力进行创造性的思维活动，把人类文明推向又一个新的高度。

【情景导读】

有位父亲带着读初中的孩子去池塘摸鱼。摸鱼前，他嘱咐儿子摸鱼时不要弄出声响，不然，鱼就会因受到惊吓而跑向深水处，就抓不到鱼。

有一天，儿子一个人去捉鱼，竟捉了好多鱼。父亲忙问怎么抓的。儿子说："您说过，一有声响鱼就会水往深处跑。"于是，我就提前在池塘中央挖了一个深水坑，再向池塘四周扔石子，当鱼跑进深坑时，我只管摸鱼就是了。

在分析与综合的思维过程中，如果伴随着合理想象与创造性思维，人的认识能力会得到进一步发挥，认识成果甚至是惊人的。这个事例说明，父亲看到的是几条鱼，而孩子看到的是整个池塘的鱼。随着年龄的增长成人的思维受到了束缚，丧失了思维的创造性，而孩子则不然，少了许多束缚。21世纪的学生应该有创新意识，发挥创造性思维，培养自己的创新能力。

二、创新思维的本质与表现形式

（一）创新思维的本质

创造性思维一般具有新颖性、非重复性和超越性等三方面的属性。

（1）新颖性是指创造性思维的过程或者结果均属首次出现。

（2）求异性是指对人们一般认为不存在问题、习以为常的事物进行分析、探究，以提出独树一帜或者标新立异的方案的能力。

（3）超越性是指创造性思维的结果使思维者的认识超越以往的高度，达到一个空前的水平。

（二）创新思维的表现形式

思维是人类意识的最高形式，是一种"有血有肉"的心理活动。而创造性思维是产生空前的思维结果、达到新的认识高度的思维。创造性是就思维的内容和规定而言的，思维是否具有创造性，关键取决于能否产生崭新的结果。创造性思维主要有以下表现形式：

1. 思维的辐射度

思维的辐射度是指思维所能发射出的数量强度，具体就是以某个问题为中心，思维导向四面八方，扩散成辐射状，寻求尽可能多的方案，从而扩大优化选择所面临的空间幅度。人们在解决某个问题时，一般也是多比较、多权衡，寻求多个问题相关的思路和方案，以增强问题优化解决的应变能力。爱迪生在发明灯泡的过程中，对1600多种矿物和金属以及近6000多种植物进行实验。由此可见，思维的辐射度在寻找解决方案的过程中的重要性。

2. 思维的广度

思维的广度是指思维的全面性，又称立体思维，思维广度就是思维涉及的宽度。比如，说到童车，你就能想到自行车、电动车、摩托车、轿车、大巴……这就叫广度。牛顿就是在注意到苹果从树上脱落要掉在地上，通过拓展思维的广度发现了万有引力定律；瓦特由烧开的水壶推动壶盖震动发明了蒸汽机。以上这些科学发现和发明，就是思维的广度性应用的价值体现。

3. 思维的深度

思维的深度是指思维能够深入触及客观事物内在本质的程度，揭示了事物变化与发展的根本原因。简单来讲，深度就是指一个人考虑得有多深入，自行车由哪些构建组成，什么材质等等。马克思正是从商品这一最基本的普遍现象着手，研究了货币—资本（剩余价值）—利润—利息—地租等一系列经济现象，将资本主义社会的概况展示给人们，从而揭示了资本主义的本质。这就是马克思研究资本主义社会思维深刻性的体现。

4. 思维的独创度

思维的独创度是指能够产生新颖、非凡、独特观念的思维能力。独创程度高的人，一般不满足已有的方法和答案，不迷信、不盲从，同时拥有自己的观点。这种人经常以思维的批判性为前提。

5. 思维的灵活度

思维的灵活度是指善于根据事物发展变化的具体情况而及时提出相应的假设和方法，它还体现为结合自身已有的认识及时纠错的思维能力。一个大学生和意中人约会，无意中听到对方妈妈病了，就找机会去探访，结果受到女孩父母的高度评价，这就是思维灵活性的体现。

6. 思维的敏捷度

思维的敏捷度是指主体能够迅速地对外界刺激物或突发事件做出反应。如突遇入室抢劫者，房子的主人需要迅速做出反应，不仅要知道发生了什么，更要清楚首先应做些什么。

三、创新思维开发的内容

人类的每个活动实际上都是一个"决策—选择—放弃"的过程，社会个体发展的本质是由一个"决策—选择—放弃"过程到下一个"再决策—再选择—再放弃"过程，如此下去。社会个体之所以产生差异，是因为决策这个环节的不同，甚至本质的差别。决策就是为了达到一定的目标而在处理实际问题时从多种备选方案中做出思考、判断和选择的活动。经由思考、判断和选择所做出的决策优劣决定于主体的创新思维能力。创新思维是"创意、创新和创业"能力的核心要素，因而要提高社会个体的"三创"能力，首先就是要提升其创新思维能力。

社会因素和心理特征是影响社会个体创新思维能力的主要方面，具体表现为社会个体的辩证思维、逻辑思维、发散思维、联想思维、逆向思维、形象思维、应变思维等方面的内容。这里着重从辩证思维、逻辑思维、发散思维、联想思维、逆向思维、形象思维、应变思维等方面，详尽探讨创新思维开发的基本要求，揭示思维世界的规律性。这将帮助我们突破自己的思维局限，体验多种非常规的思维方式，经历一场空前的思维革命。

（一）辩证思维

辩证思维是指人们通过概念、判断、推理等思维形式对客观事物辩证发展过程的正确反映，即对客观辩证法的反映。其实质就是按照唯物辩证法的基本原则，在联系与发展中认识事物，在对立统一中把握认识对象。辩证思维最基本的特点是把认识对象看作一个整体，从其内在矛盾的运动、变化及其相互联系中进行研究，以便从本质上完整地、系统地认识事物。

1. 辩证思维的主要内容

辩证思维是以世间万物之间的客观联系为基础，来认识世间万物的，它由一系列既互相区别又彼此联系的方法组成。这些方法主要包括以下几个方面：

（1）归纳与演绎。

归纳和演绎是最基本的思维方法。归纳是由个别推广到一般的推理方法，即从个别事实中概括出个别到一般的方法。演绎则是从一般到个别的思维方法，即从一般理论推导出个别结论。事物本身固有的特殊和普遍、个性和共性的关系是归纳和演绎的客观基础。归纳和演绎是互为逆向的两种思维方法，但是两者又互相依赖、互相渗透、互相促进。归纳是演绎的基础，演绎所得的一般原理通常是由归纳得来的；演绎是归纳的前提，对归纳起理论指导与论证的作用。现实的思维过程表现为两者的互相推移、交替使用。两者也都有自身的局限性，单纯的归纳或者演绎所揭示的事物的本质和规律都是有限的，需要综合运用其他更为深刻的思维方法。

（2）分析与综合。

分析与综合是更为深刻的辩证思维形式。分析是通过对象细分为不同的组成部分、特性等，分别对它们进行研究，把握事物的各个支撑部分，从而发现其本质的过程；综合则是把构成认识对象的各个组成部分、特性等依照其构成、客观次序、属性等组成一个整体，从而达到对认识对象总体上把握的过程。系统与要素、整体与部分之间的关系是分析与综合的客观基础。分析和综合是对立统一的关系，是两种相反的思维方法。分析是综合的基础，离开分析就不存在综合；综合意味着分析的完成，没有综合的分析是不科学的。

（3）抽象与具体。

抽象和具体是把握事物本质的高级思维方法。抽象是对认识对象某方面本质的概括或者规定；思维具体或者理性具体是基于抽象基础上形成的综合，有别于感性具体，感性具体表现为感官直接感觉到的具体，而理性具体则是基于感性具体基础的分析和综合，达到对认识对象多种属性或者本质的把握。抽象到具体的思维方法，可以概括为由抽象的逻辑起点经过一系列中介，获得思维具体的过程。

（4）逻辑与历史。

逻辑与历史的统一是人们思考问题、理论研究的一种基本思维方法，这种统一本质上是主观思维与客观实际的统一。逻辑方法指的是思维规则，就是运用概念进行判断、推理，以揭示客观事物的本质与规律性、证明其必然性的方法。历史的方法是指对认识对象发展的自然过程进行追踪描述，从而揭示其规律的思维方法。它包括两个方面：一是客观现实的历史发展过程；二是人类认识的历史发展过程。科学的认识是基于思维的逻辑与历史的进程相一致性、对现实历史进程的客观反映。历史是逻辑的内容和基础，逻辑是再现的历史理论，是"修正过"的历史。这种一致性是辩证思维的一个根本原则。

2. 辩证思维的作用

（1）统帅作用。

辩证思维是唯物辩证的方法论，是思维的高级活动。它能够帮助认识事物的本质，揭露客观事物内部矛盾的性质。它从哲学的高度为人们提供世界观和方法论，因而，它在更高层次上对其他思维活动具有指导和统帅作用。

（2）突破作用。

人们在社会实践活动中经常遇到困难或问题，要么是发现不了主要问题，要么是找不出有效解决问题的方案。此时运用科学的唯物辩证法往往会成为人们打破僵局的有力武器。

（3）提升作用。

人们对事物的认识是一个不断由浅入深，循序渐进，由感性认识逐步到理性认识的过程，最终上升为理论。离开了辩证思维，很难取得思维的理论成果，因而，辩证思维是提升认识成果的有效方式。

（二）逻辑思维

逻辑思维（logical thinking）是指人们借助于概念、判断、推理等思维类型能动地揭示事物客观现实的理性认识过程，又称抽象思维。它是基于对认识者的思维及其结构以及起作用的规律的分析而产生和发展起来的，是人类认识的高级阶段，也即理性认识阶段。只有经过逻辑思维，人类对事物的认识才能达到对其本质规律的把握，进而认识物质世界。

逻辑思维是人脑对客观世界间接概括的反映，它通过科学的抽象揭示物质世界的规律性，具有间接性、过程性、自觉性和必然性的特点。概念、判断、推理是逻辑思维的基本形式。逻辑思维主要有分析与综合、归纳与演绎以及从抽象到具体等方法。逻辑思维表现为人脑的理性思维活动，思维主体将感性认识阶段所获取认识事物的信息抽象成概念，进而做出判断，并依照一定的逻辑关系进行推理，从而形成对事物新的认识。逻辑思维具有严密、确定、规范、可重复等特点。社会实践是逻辑思维形成与发展的基础，社会实践的需要注定了人类把握事物本质的基本要求，决定着逻辑思维的任务和方向。实践的发展对于感性经验的增加也使逻辑思维逐步深化和发展。

（三）发散思维

1. 发散思维的内涵

发散思维（divergent thinking）是指社会个体在解决问题过程中呈现出的一种多维扩散的思维模式，表现为个体思维的多方向、多视角扩展，使认识不循传统、习惯而扩散到多个方面，最终产生多种可能的方案而非唯一的答案，所以这种思维方式容易产生新观念。发散思维又称扩散思维、辐射思维、放射思维或者求异思维。现实中的一题多解、一物多用等方式，都是发散思维的表现。很多心理学家认为，创造性思维最主要的特点就是发散思维，著名心理学家吉耳福特研究发现，发散思维是与创新思维和创新能力相关性最强的因素，经由发散思维表现于外的行为就是个人创造力的表现。发散思维能力强弱是测定创造力的主要标志之一。

2. 发散思维的作用

发散思维的作用主要表现在以下三个方面：

（1）基础性作用。

社会个体借助于发散思维能够在更大的深度与广度上了解认知对象，进而为运用其他思维方法分析认知对象，发现问题，并为创新解决问题提供认知基础。提升创新思维能力的技巧和方法有多种，但是大多数在发散思维的基础上展开。

（2）核心性作用。

想象是人类创新活动的前提和源泉，联想使人脑的想象汇合，而发散思维则为这种汇合提供了广阔的通道。

（3）保障性作用。

发散思维的主要功能就是为认知对象提供尽可能多的信息与方案。这些信息和方案不可能每一个都正确、有价值，但是发散思维能够在广度和深度上占有认知对象尽可能多的信息，这在某种程度上为以后对认知对象所要做判断的相对客观性、准确性提供了保障。

3. 发散思维的特点

（1）变通性。

变通性就是指克服人类大脑中某种自我认同和习惯僵化的思维模式，按照某一新的目标来探索问题的过程。变通性一般要借助跨域转化、横向类比、触类旁通等思维技巧，使思维沿着不同的方向和路径扩散，表现出极其丰富的多样性和多面性。

（2）流畅性。

流畅性就是指大脑在尽可能短的时期内生成观念并表达出较多的思维判断以及较快地适应、消化新的思想。它反映了发散思维的速度和数量特征，这与大脑机智的程度密切相关。

（3）多感官性。

发散性思维往往会综合运用视觉思维、听觉思维，以及其他感官等感知的信息并进行加工。发散思维的速度与效果还与情感密切相关。如果思维者兴致高昂，将信息赋予感情色彩，其发散思维的速度与效果往往会大幅度提升。

（4）独特性。

独特性指大脑在发散思维中做出区别于他人的超乎寻常的新奇反应的能力。独特性是发散思维能力的最高境界。

（四）换位思维

换位思考就是站在别人的视角去思考问题、设身处地想人所想的思维方式。换位思考被视为人对人的一种心理体验过程。它客观上要求我们将自己的情感体验、思维方式等内心世界与对方联系起来，站在对方的立场上思考和体验问题，更有助于加深对人、事、物等相关问题的理解，并找到潜在的更为有效的解决方案。

【情景导读】

我们身边总有这样的人，他们低调却温暖，他们没有豪言壮语却深受别人喜欢和信任，他们的言语并不华丽，但听起来却那样的沁人心脾。如何说话才能口吐莲花、妙语连珠，娓娓动听？看看下边这个情景你会怎样作答？

孩子一岁半了，一直是由奶奶照顾，春节奶奶回老家过年，期间她打电话询问孩子照顾得怎么样。你会怎么回答？

——我如实相告，由于通话过程中的信号不好，电话断了。这时候，在旁边来看望我的同学提醒我说，你电话里别说照顾得好，也别说照顾得差，要说不如您在的时候好。我心说，和家人说话干吗还不照实际说呢，于是礼貌性地问了一句为啥，她接下来的话让我很震惊。

她说：你说好，老人家除了为孩子高兴外，还会有挫败感，因为她照顾得不如你们好啊。你说差，她会为孩子着急，觉得我这家回得真不是时候。你说不如平时，一来表示孩子没事，二来表示你们不如她，这样她来给你们带孩子会很高兴，有主人翁的感觉。

虽然不完全适合我家情况，但这种说话方式确实让人舒服。同学的提醒也让我不得不思考一下自己做人做事说话的方法。这事很小，我们都不会去想怎么说、说什么，但是她的瞬间反应就跟我们不一样，这其实是站在别人的角度思考问题的典范。

强化换位思考首要的好处在于，一旦我们有了这种意识，就能够促使我们有意识地去寻求问题更贴切的答案，从而提高我们解决问题的有效性和心理效应。

（五）联想思维

联想思维是指大脑记忆表象系统中，由某种诱因致使不同表象之间发生没有固定思维方向的自由思维联想活动。它主要包括幻想、空想、玄想等思维形式。它可以是由外形、性质、意义等方面的相近性引起的，譬如，当你感觉饿的时候会激起食欲，会联想到各种事物，尤其自己偏爱的事物，甚至给自己设计接下来的饮食方案；也可以是由事物间存在的因果关系、完全对立或者某种差异而引起的。比如，即将毕业的大学生择业面试时会意识到自己能力方面与对方所要求的差距。联想思维有利于信息的存储和检索，有助于活化创新思维的活动空间，为其他思维方法提供一定的基础。

（六）逆向思维

逆向思维是指对人们习以为常甚至已成定论的事物或者观点从其对立面进行思考的一种思维方式。这种思维方式着眼于从问题或者事物的反面深入探索，让思维向对立面发展，从而树立新思想，确立新形象。这样的思维方式就叫逆向思维。人们往往倾向沿着事物发展的正方向去分析问题、寻求解决方案。此时，如果朝着相反的思维方向探索问题，倒过来思考，或许更容易使问题明朗化、简单化。

【情景导读】

神奇的逆向思维，会向您打开一个新世界。

生活中处处潜藏着看似不可能的机变，关键是要习惯一种逆向思考的方法。有时需要我们超越的只是小小的一步，这就像"哈桑借据法则"。

一位商人向哈桑借了2000元，并且写了借据。在还钱的期限快到的时候，哈桑突然发现借据丢了，这使他焦急万分，因为他知道，丢失了借据，向他借钱的这个人是会赖账的。哈桑的朋友纳斯列金知道此事后对哈桑说："你给这个商人写封信过去，要他到时候把向你借的2500元还给你。"哈桑听了迷惑不解："我丢了借据，要他还2000元都成问题，怎么还能向他要2500元呢？"尽管哈桑没想通，但还是照办了。信寄出以后，哈桑很快收到了回信，借钱的商人在信上写道："我向你借的是2000元钱，不是2500元，到时候就还你。"

这里，纳斯列金就是采用逆向思维，从借据的对立面思考、选择，并做出判断。可见，逆向思维从方法论上来讲，具有明显的工具意义。中国古代哲学家老子提出："有无相生、难易相成、长短相较、高下相倾、音声相和。"从他的哲学思辨中可发现很多可操作性的细则，一般包括以下方法：

1. 心理逆向法

人类的心理永远是这样的：一切禁止都意味着强化，正如以下悖论性的心理法则：

贝克法则：你所能提供的东西你一个也不要。
贾斯特法则：车越破开得越疯狂。
梅尔法则：要不是最后一分钟，那就什么事也办不成。
韦伯法则：如果你顺当地找到停车的地方，那你就会找不着你的车。

2. 心理逆反法

心理逆反法是指在思考的过程中摈弃自身的局限性，先探究对方的想法，然后逆对方的思路而行事。

3. 方位逆向法

方位逆向就是双方完全交换，使对方处于己方原先位置的换位。它不仅仅是指物理空间，更是指一种对立抽象的本质。

4. 属性逆向法

事物的属性一般是多向位的，一件事情可以从多个角度的去理解，同一件事情即使从不同的角度观察，其性质也可以是多方面的，并且是互相转化的。

5. 对立互补法

对立互补法就是以把握认识对象中对立的两个面为目标，遵循逆向路径研究问题，善于将正向思维与逆向思维有机结合起来；并要求人们在处理问题时既要沿着正常的思路研究问题，也要从反方向逆流而上，看到正反两方的互补性。

6. 缺点逆用法

缺点逆用法的主旨在于"缺点即优点"。这种逆向思维法首先就意味着从普通中体味不普通，强调的是倒过来考虑如何直接利用这些缺点，做到"变害为利"。

7. 因果逆向法

因果逆向法就是"倒因为果、倒果为因"的思维方法，在生活中应用得极其广泛。有时，某种不利因素在一定的条件下又可以转化为有利因素，关键在于如何进行逆向思考。

（七）系统思维

了解系统的内涵是提升自身系统思维能力的前提，那么，什么是系统呢？系统是由两个或者两个以上互相联系的要素所构成，具有特定结构、功能、环境的整体。系统一般具有整体性、立体性、关联性、环境适应性等属性。它是由两个或两个以上要素有机结合的整体，这种整体不同于局部的简单相加。它是一个能够自我完善且能够实现动态平衡的整体。

系统思维就是把认识对象作为系统，从系统、要素、环境三者的彼此联系、相互作用中综合地研究认识对象的一种高级思维模式。它是以系统论为基本思维模式的思维形态，有别于创造性思维、形象思维等本能思维形态。系统思维的优点在于能够极大地简化人们对事物的认知，产生认知的整体感。

系统思维要求人们必须克服认知盲点、认知歪曲、晕轮效应、近因效应、以点带面、刻板效应、对象与背景效应等认知缺陷。

（八）形象思维

形象思维主要是指人们在认识世界的过程中，通过对事物表象进行取舍，用直观形象的表象来解决问题的思维方法。这种思维强调直观形象和表象在解决问题时的作用，具有形象性、非逻辑性的特点。

形象思维最基本的特点是形象性，思维形式是直感、意象、想象等形象性的观念，所反映的对象就是所认识事物的形象，通常以感官所感知的图像、图形或者形象性的符号等作为表达手段。形象思维一般具有生动性、直观性、整体性等优点。形象思维的非逻辑性是指它一般不具有对信息系统性思维的过程，而是立体性的或者面性的，也即平行加工。其优点是，能使思维主体迅速从整体上了解认识对象；不足之处在于，其结果有待于进一步的逻辑证明或实践检验。

形象思维作为认识和反映世界的重要思维形式，是提升社会个体思维能力的有效手段，科学家除了经常使用抽象思维进行科学研究以外，也经常使用形象思维。高度发达的形象思维，也是企业家在激烈而又复杂的市场竞争中取胜不可或缺的重要条件。高层管理者缺少形象信息，离开了形象思维，他所掌握的信息就可能是间接的、过时的甚至不确切的，因而难以做出正确的决策。

（九）应变思维

应变思维是认知主体基于认知对象动态变化的基本特征而表现出的一种跟随思维方式。这种思维方式强调针对性、适应性在认知对象过程中的应用。其优势在于能够及时跟踪认知对象动态变化的过程，及时捕捉到相应信息，并提出有针对性的解决方案。应变思维是对认知对象的深度把握，是认知事物的高级阶段。

第三节 "三创"能力

一、"三创"能力的界定

（一）"三创"能力的内涵

现实中，社会个体时刻都在经历着"选择"与"放弃"。社会个体的成长过程也正是这种"选择"与"放弃"的叠加过程。每次"选择"或者"放弃"都是社会个体决策的过程，其后果要么给社会个体成长带来积极的、正能量的改变，要么给社会个体成长产生负面的影响，长期来看就表现为社会个体成长的不同路径，以及失败、成功与成才的多样性。之所以如此，是因为社会个体"三创人格"的多样性导致其自我发展能力的差异性，决定这种发展能力差异性的因素就称为"三创"能力。长期而言，"三创"能力的强弱是社会个体世界观、人生观和价值观多样性的决定性因素。

（二）"三创"能力的基本内容

创意是改进社会个体综合素质的着力点，创新代表着社会个体全面发展的方向，创业则是社会个体"三创"能力的物化。社会个体追求自身价值目标实现的过程也就是其"三创"能力作用于实践的过程。这种能力主要包括经济理性、创新思维能力、资源整合力和创业精神等几个方面。

1. 经济理性

经济学上所讲的经济理性，主要指人总是自利的，在他们进行经济交易时，会选择利益最大成本最小的行为去交易。"三创"能力意识，会赋予社会个体"成本—收益"的思维理念。这种能力越强，社会个体的理念就越会在更大程度上影响甚至左右其日常行为。在行为结果方面往往变现为一个人做事的有效性。

【情景导读】

一位大学老师给学生讲授经济学课程时提出了这样一个问题：你购物时喜欢讨价还价吗？购物是大众化行为，对此问题的看法也应有尽有，总的来说分为三类：喜欢、不喜欢以及无所谓。三种观点代表了三类人。从经济理性的角度该如何看待这种问题呢？假设你花了十分钟讨价还价，店主给你优惠十元，这是不是也意味着你十分钟挣了十元钱。如果把购物时间累计的话，一个小时你挣了六十元。划算吗？这和你当地打工的计时工资做一比较便会一目了然。如果你打工平均每小时高于六十元，那么你购物时讨价还价所花费的时间就不如用来去打工更有价值；反之，则是划算的。

经济理性思维就是这样潜移默化地影响着我们日常生活中的点点滴滴。这种思维意识和能力越强，我们就会从自己的日常行为中获得更多的正能量。

2. 创新思维能力

创新思维能力是所有人都应具备的。管理大师德鲁克说过，对企业来讲，要么创新要么死亡。在1936年10月15日美国高等教育300周年纪念大会上，爱因斯坦提出，一个社会如果都是由缺乏个人独创性与个人志愿的统一规格的人所组成，那么这个社会将是一个不幸的没有发展可能的社会。人类社会就是一部创新思维实践，就是一部创新的历史、创造力发挥的历史。

创新实践和创造力发挥是以创新思维为前提的。创新思维的"新"，一般具有两方面的含义：这种"新"，一方面是相对于整个人类的"新"。这种创新思维是指科学家、发明家、思想家在创立新成果时的那种思维；另一方面是相对于思维者本人的"新"。这种创新思维，可以是生活品质提升的新思路，可以是个人良好习惯的确立，也可以是工作中使用的新方法等等。这种创新，就整个社会而言未必直接创造物质财富，但对思维者本人来说，则确实产生了有价值的物质或者精神方面的新东西。这种思维能力越强，给思维者本人带来的正能量就越大。比较而言，后一种创新的意义更大，因为它是一种"自我实现的创新"，有助于激发社会个体的创造潜能。

现实中，如果缺乏创新思维，社会个体就会习惯于某种思维理念和行为，尤其是长期来看，潜意识上会墨守这种习惯，最终坚守这种习惯：日复一日吃着同样的早餐；日复一日做着相同的事；日复一日过着一样的日子……

譬如，每天吃五元的早餐，吃早餐的路上是否思考一下花五元钱怎样让我们吃得更加营养、健康？让这次早餐质量比上次有所提升！回答这个问题或许没有那么难，问题是很多人不愿意去改变习惯了的东西，尤其观念上认同了这种习惯，能给自己带来正能量的东西就这样被无意识地抹掉了，人生成长也正是由这种正能量叠加而成，长此以往，就表现为个体发展的差异。

社会个体发展表现出的这种差异本质上归于其创新思维能力的差异。创新思维最根本的要求就在于"新"，其实质是超越，是对现有认识和现存事物的超越，创新思维能力越强，这种超越跨度就越大，频度就会越高，就会给创新思维者的人生发展提供更大的优势、竞争力，甚至个人目标的实现。

3. 资源整合力

社会个体资源整合能力的价值主要在个体发展和创业两个方面得以实现。无论哪一个方面，社会个体资源整合能力一般都表现为资源识别、资源获取、资源配置和资源运用等几个方面能力的强弱，以上四个方面能力统称为资源整合能力。

资源整合力是个体发展、提升事业拓展竞争优势的关键，尤其是在信息化、市场化、国际化的环境中，个体资源整合能力是个体参与竞争、实现可持续发展动力最重要的能力。在出现危机时，资源整合更是个体"保驾护航"的坚实利器。当前，无论个体发展或者企业成功，真正缺乏的不是资源本身，而是资源整合能力。按照新木桶原理，最缺乏的就是最关键的，如何提高资源整合力愈来愈成为个体发展、生存力提升的核心和关键。

核心竞争力理论的研究起源于20世纪80年代末期，一经提出就受到西方经济界的大力推崇，并被广泛应用到企业的日常运营、战略管理和可持续发展之中。这一理论20世纪90年代中期传入中国，很快在经济学界、管理学界传播开来，并被企业家所接受。

国外资源整合理论的观点主要有契约学派、资源学派、机会学派等。

契约学派认为资源整合的基本途径是建立契约关系，强调契约关系能够节约交易费用，提高经济效益。

资源学派认为，资源整合的基本途径是发现新的资源属性，资源效用会在社会活动中不断被发现。最先发现资源新效用的人，对于同样的资源具有高于他人的价值。这种发现和实现资源新效用的过程，就是创业活动的本质，尤其是那些资源开发能力较强的人，是资源整合活动的引领者。因而，发现资源新价值的能力，是资源整合力的来源。

机会学派认为，资源整合的基本途径是有效利用市场机会，市场机会是低价购入、高价售出的操作空间，来自社会供求关系的不平衡状态，最早发现供求不平衡的人能够利用机会获取超额利润，为防范他人仿效，进一步建立经营计划机制来利用机会。机会学派把市场机会、个体能力、社会关系联结起来，作为创业活动的初始条件，对资源整合能力做出了解释。Shelby 和 Robert 提出资源的组合与匹配的统一需要人力资源的参与，人力资源是资源组合过程中的核心要素，他们认为人力资源主要有个人和团队。个人是资源组合的执行者，团队是资源组合的协作者。其中，Michael、Hitt 等人提出人力资本对绩效的影响，他认为在资源管理过程中人的因素是最关键的；Brush 从人力资源和组织资源两方面来研究它们对绩效的作用，认为经过整合个人资源，并把个人资源转化为组织资源，企业的绩效才会最终显现。竞争优势要求不仅要充分利用现有的资源和能力，而且要开发新的资源和能力。以 Barney 为代表的传统资源学派，没有对资源和能力加以特别的区分，有研究者把企业的能力看作是一种特殊的企业资源。然而，直到 20 世纪 90 年代中后期，学者才开始关注如何发展企业的特定能力和更新能力，资源选择机制在资源获取之前对企业绩效产生作用，而能力构建机制则在资源的具体配置上发挥作用。

在当今竞争日益激烈的外部环境中，企业的竞争优势不仅来源于独特的资源，而且也来源于配置这些资源的方式。动态能力的产生不仅需要企业本身已经拥有一个较强的资源和能力的基础，而且还要求企业能够有效地配置现有资源，并能够不断地创造新的资源和新的知识，把潜在资源转为活动和行为就是企业能力的表现。由此看来，能力具有以下特点：是企业获取、发展并使用其资源以获得比其他企业更高业绩的一种动态机制；建立在企业获取、转化和利用那些通过人力资源为组织所创造的信息的基础之上，包括组织文化、规则及企业家精神等；与行为活动相伴而生，能力就是完成一定任务或活动的一组资源所具有的能量，能力具有显著的惯性及企业专有性，它从属于学习并随实际问题的解决而改变。能力不仅是指资源集合，更是企业内部所形成的人与人、人与其他资源之间的相互协调的复杂模式。

社会个体的资源整合能力在其人生价值拓展过程中得以全方位的体现。如何创新整合自身的优势资源，首先取决于社会个体能否识别这些资源，而且，更为重要的还取决于社会个体"三创"能力的强弱。

就社会个体初创企业而言，资源整合倾向于对初创企业单方面资源实施整合，具体表现为：以人为载体，在对初创企业自有资源全面把握的基础上，对外界资源的识别与开发做进一步的优化整合，将既有的和引进的、内部和外部的资源重组并使之发挥更大的效用，有助于培育和提高初创企业核心竞争力；对高管资源、技术资源、财务资源、营销资源等方面的资源进行系统整合，通过围绕初创企业核心竞争力提升的内外部资源整合，有助于形成独特的、有效的初创企业价值链和产业价值链。

4. 创业精神

创业精神是创业者创业过程中所表现出的那些具有开创性的思想、理念、个性、意志、作风、品质等，主要有三个层面的含义：一是哲学高度上对创业的理性认识，包括创业思想与创业观念；二是心理学角度的基本心理素质，包括创业个性与创业意志；三是行为学视角的行为模式，包括创业作风和创业品质。

（1）创业精神概述。

创业精神最早出现在 18 世纪，其含义也在不断变化。很多人只是把它理解为创办个人企业，但是从专业而言，创业精神的内涵丰富，也极具时代印记。在熊彼特看来，创业精神是一股"创造性的破坏"力量。管理学之父彼得·德鲁克（Peter Drucker）将创业精神的理念推进了一步，称创业精神是创业者创业过程中主动寻求变化、适应变化，并将变化视为机会所表现出的信心、信念和毅力。经济学者认为，在各类社会中，创业精神是刺激经济增长和创造就业机会的必要因素，是发展中国家小微企业成功创造就业机会、增加收入、减少贫困的主要动力。因而,政府对创业的支持是促进经济水平提升的一项极为重要的发展策略。

创业精神在不同民族、社会与文化环境中所表现出的差异取决于创业所能得到的回报,社会群体文化与创业精神密切相关。注重社会地位和专业技能与经验的文化或许不利于创业的推进,而推崇通过个人奋斗取得成功的文化或政策则很可能鼓励创业精神。

(2)创业精神的实质与构成。

创业精神的实质是一种以创新活动为特征的行为过程,而非创业者的个性特征。创业精神就是创业者借助创新的手段,将资源更有效地整合、利用,为市场创造出新的价值,其实质为创新。尽管创业经常以开创新公司的方式产生,但是创业精神未必只存在于新公司中。一些成熟的组织,只要有创新并不断发展,该组织依然具有创业精神。

"创业精神"一般被视为一种能够持续创新成长的生命力,主要可区分为个体的创业精神与组织的创业精神。所谓个体的创业精神,是基于个人力量,在个人愿景引导下,从事创新活动,并进而创办一个新企业;而组织的创业精神则是基于在已存在的一个组织内部,以群体之力追求共同愿景,从事创新活动,进而开创组织的新风貌。

"创业"是创业者按照自己的想法去努力工作以开创一个新企业,包括新公司的创办、组织中新单位的组建以及向市场提供新产品或者新服务,以实现创业者的愿景。创业本身就是一种从无到有的过程,只要创业者具有积极求新、求变、求发展的心态,以创造新价值的方式为新企业带来利润,那么这个过程就可以被认为是充满了创业精神。

创业精神是创业者"三创能力"的载体,是创业者凭借自身的创业精神,以"三创能力"为利器追求机会的行为,这些机会不是存在于目前资源应用的范围,而是有可能通过创造性地利用资源带来新价值。创业精神的表现在于注重新价值的创造,而不在于是否创办新公司。因而,创业管理的主旨在于创业过程能否"将新的管理制度、新产品或者新服务、新的流程等新事物带入现存的市场活动中"。所以说,创业精神是个体创业、促成新企业形成、发展和成长的原动力。

创业精神是创业者创新创业过程中的精神表现,一般包括激情、积极性、适应性、领导力、雄心壮志等五个方面性格特征,这是创业者勇往直前的根本前提。

二、"三创"能力的实践本质

"创意、创新与创业"三者的本质在于一个字"创","创"强调的是"不同""区别""新"等基本价值取向。与"创"相反的词是"习惯",当社会个体习惯于某个事物,也就意味着创业者深度认同对该事物既有的理解、观念等,并在相对较长的时期接受并坚持这种认知,反映在行动上,也即创业者在比较长的时期墨守一定的行为方式。按照辩证唯物主义关于世界是不断运动变化的观点来理解,创业者的这种"习惯"也就是"墨守成规",实质上意味着该社会个体丧失了"创"的动力,在其生活、事业等方面也就止步不前。

创业者"三创"能力的强弱决定着其价值目标实现的速度和程度,创业者创业实践的过程也就是经济理性、创新思维能力、资源整合力、创业精神等方面能力综合发挥极致的过程。创业者"三创"能力在不同程度上影响甚至决定着其生活、事业发展的理念、速度和质量。就社会个体的实践而言,"三创"能力本质上变现为以下几个方面的内容:

(一)创业者的思考力

"三创"能力决定着创业者思考力的强弱,创业者的思考力是其"三创"过程中具体的思维表现形式。这种思考力的深度和广度决定着"三创"的方向、过程、路径和效果。

思路决定出路,只有想得到,才可能做到,只有想得好,才可能做好。在市场经济条件下,思考力决定着市场主体竞争力的强弱。与其和竞争对手比谁花钱多,倒不如和竞争对手比谁想得多,谁想得深入。这要求综合运用创新思维开发的多种方法,首先,要把思考力用在顾客身上,了解顾客在关注什么,尤其关注顾客的"痛处",也即经常不得不面对的但又对其所存在的诸多条件限制、不便、损失,以及伤害等颇感无奈的"关注点";其次,围绕这些"关注点",把思考力转向市场,能否通过整合市场资源解决顾客的"痛处",如何整合更有效;最后,如果能的话,就可以开始考虑自己的创业之路。

(二)创业者的决策力

"三创"能力的强弱集中表现在创业者的决策过程、决策效果等方面,集中体现创业者综合运用相关知识和技能、凭借多种方法和技巧、对各种可能的方案进行筛选、评估,以及选优的能力,即决策力。这种决策力决定着创业过程的方向和效益,甚至创业项目的成败。一个人或者一个团队在做决策时如果犯错,那么决策者所处的层面越高,其所造成的损失就会越大,因为决策一旦组织下去,就会让下级的员工去执行。因而,做决策时要注意两个方面的因素:第一是轻重缓急;第二是效果与效率。科学的决策步骤一般包括如下七个方面:

(1)明确主要问题;
(2)找出问题存在的主要原因;
(3)寻找尽可能多的解决方案;
(4)对可能的方案进行评估;
(5)选择最优方案;
(6)执行方案;
(7)检验方案是否正确。

(三)创业者的执行力

执行力就是指贯彻战略意图,有效利用资源、保质保量完成预定目标的操作能力。这是把企业发展战略、规划、目标转化为企业效益和成果的关键。执行力包括完成任务的意愿、能力和程度。

决策要靠执行去实施,决策目标在多大程度上得以实现,则取决于执行力的大小。一切事物都是千变万化的,机械地执行决策注定会失败。"三创"能力使执行者有能力依据具体条件创造性地执行决策。也只有这种执行力才能够赢得市场,取得市场竞争优势。就个人而言,执行力就是办事能力;就团队而言,执行力就是战斗力;就企业而言,执行力就是经营能力。用迈克尔·戴尔的话来讲，执行力就是在每一阶段、每一环节都力求完美，切实执行。

总体而言，创业者具备了"创意、创新与创业"人格的基本要求，有了一定的"三创"能力。但是在"三创"实践中谨防以下几种心态：

（1）夜郎自大型。
（2）拒绝合作型。
（3）不懂装懂型。
（4）大吹大擂型。
（5）不屑小事型。
（6）侥幸心态型。
（7）回避责任型。
（8）将错就错型。

本章小结

本章在探讨"三创"人格特质的基础上，学习如何通过创新思维开发奠定"三创"人格基础，提升社会个体"三创"能力。

本章主要知识点：创新思维的内涵、创新思维开发的内容、"三创"能力的内容、"三创"能力的实践本质。

复习与思考

1. 如何理解创新思维在成功成才方面的作用？
2. "三创"能力的基本内容是什么？
3. 结合自身日常生活中的某一具体问题，浅析创新思维的价值所在。

第三章 创业团队

【学习目标】

了解创业团队对成功创业的重要性,理解创业团队构建的基本要素,掌握创业团队构建的基本原则、影响因素及风险,熟悉创业团队管理的基本方法。

导读

大象和猴子本来是一对好朋友,有一天,他们为争论谁的本领大而争吵了起来。吵来吵去也分不出高低,这时乌鸦飞来了,他们就请乌鸦裁决。乌鸦说:"河的对岸有一棵桃树,谁能把桃子摘下来,就算谁的本领大。"他们想这还不容易,于是他们来到了河边,猴子望着那滚滚的河水,害怕极了。这时大象大摇大摆地走过来,说:"猴子,难道你不知道我的力气大吗?跳到我背上来吧,我背你过去。"到了对岸,大象用鼻子去够桃子,可是树太高,大象够不着。猴子说:"大象,难道你不知道我善于爬树吗"这下该看我的了吧!说着就爬上了树,把桃子一个一个地摘了下来。猴子下了树,与大象一起过了河,把桃子给了乌鸦。乌鸦说:"你们各有各的长处和短处,你们团结起来发挥各自的长处不是很好吗?"

第一节 创业团队概述

一、创业团队的含义

创业是一个艰难的过程,也是一个有风险的过程,每一个创业者都希望自己能创业成功。大学生相比具有一定社会经验的创业者,在某些方面明显不足。大学生这一群体想要成功实现创业,实现自己的理想,不是单靠蛮干就能成功的,必须依靠团队的力量和智慧。因此,大学生创业必须要组建自己的创业团队。大学生是一个特殊的群体,由于没有足够的社会经验和能力,即使有再好的创业想法也不能实现创业,因此只有选择在共同利益下以团队的形式进行创业,才能产生创业团队。

许多成功的创业成功者都有一个共同点,那就是有团队力量。因此,创业团队已成为创业者必须考虑的因素,同时也成为创业研究非常重要的一方面。不同领域的学者由于视角不同,他们对创业团队也有不同的看法,对创业团队没有统一的定义,整个学术界也如此。美国学者 Harper(2008)认为,创业团队就是团队中的创业者拥有共同的目标,而且需要成员之间的相互协作才能实现这一目标,还特别强调了作为初创企业创业团队的成员要收益共享,共同承担创业风险。英国学者 Rosa(2010)指出,创业团队就是指所有权和经营权是对其进行界定的核心。国内学者朱宏仁（2012）则认为，创业团队的定义不应该过于复杂，在对其下定义时，必须明确团队成员结构和团队规模、强调成员之间有共同目标且共同进行经营管理、成员需要共担责任和风险、相互协作等。

在吸纳和总结专家学者的观点之下，以及分析成功创业者之后，本书主要从广义和狭义这两个方面来分析创业团队的含义。从广义上看，创业团队就是积极参与企业发展并有着重大利益关系的两个或两个以上的个体所组成的团体。广义上的创业团队定义强调投资的多少和参与重大经营决策的主要成员，那么将投资少以及没有参与重大经营决策的成员除外。根据这一定义可以看出，这一定义中的企业发展体现出创业活动具有动态性和灵活性的特性。即使是这样，它也有自己的不足之处，这一定义没有明确作为创业团队成员的投资具体额度及成员构成，所以显得过于宽泛。那么从狭义方面看，这种观点认为创业企业的高管才属于创业团队成员，甚至还有一些学者直接把创业初期的团队称为高管团队。

综合国内外的研究成果，创业团队是指由两个或两个以上创业者组成的具有特定的组织功能并协同工作的创业群体，团队中的成员有着共同的创业理想、具备不同的专业知识和能力，能够形成一个优势互补的动态系统。那什么是"大学生创业团队"呢？任何一个创业团队在把握创业机会的前提下，都有共同的目标和价值观。大学生创业团队除了具备这个特点之外，还有就是成员素质普遍较高，都接受过不同专业领域的系统学习，能较快地实现自身的创业目标；大学生创业团队之间既有竞争又有不同行业间的互助，这是与以往传统的创业模式所不同的。

二、创业团队的构成要素

在大众创业万众创新的时代，大学生自主创业也成了一种趋势，越来越多的人加入自主创业的行列，但是由于个人的经验、精力、实力以及经济能力有限，更多的创业者选择以团队的形式开展创业，创业团队应运而生。优秀的创业团队也逐渐成为创业成功最为关键的因素之一。创业者构成创业团队，他们具有共同的创业理念和共同的价值追求，愿意共同承担风险，共享收益。一个完整的创业团队应具备五项基本要素。

（一）目　标

目标是前进的方向，没有目标就没有前进的动力。按照时间跨度来划分，目标可分为长期目标、中期目标和短期目标。明确的目标是一个创业团队成立的基础。组建创业团队时，必须有一个相对明确的目标，为团队成员指明前进和奋斗的方向。当明确企业的各种目标时，如在某一个时间段应该要取得什么样的目标，包括个人业务上的目标。明确企业和个人目标，创业团队才能清楚创业的方向，也能清楚地了解为了实现企业目标应该要做出的努力，需要什么样的机会，才能准确把握时机和商机。除此之外，明确的目标能够使创业团队清楚知道组织需要哪些方面的人才和技能，在寻找合作伙伴或是雇佣员工时都能有清晰的认识，从而按照创业团队的目标选择最合适的人才，提高团队战斗力和综合实力。

（二）成　员

即使是有远大的目标，如果没有人，那么目标只能是空谈。所以人是创业团队中最重要，也是最核心的部分。目标是要由人来实现的，因此创业团队中如何去选择团队成员，这是需要经过慎重考虑的。那么应该选择什么样的团队成员呢？创业团队都是由一群志同道合，并且拥有共同的创业理念和目标的人来组建的。总的来说，选择团队成员最关键的就是要有共同点。团队成员的共同点主要表现为创业观相同、价值观相同、金钱观相同。不管是初创企业团队，还是成熟企业团队，成员之间仅仅有共同点还是远远不够的，还需要有互补性。企业就是一个组织，在这个组织里必须有分工与协作，需要有人进行决策、需要有人进行管理、需要有人宏观把握，制订计划也需要有人具体实施，还需要有人去寻找创业机会和合作伙伴进行对外交流和沟通，等等。因此，创业团队成员要多元化，成员之间的优势要能互补而不是重叠。优势互补主要有性格互补、技能互补、专业互补、特长互补、人脉资源互补等。任何一个人的经历、能力、知识都是有限的，同样，团队中的每一个成员的社会资源也是有限的，如果把团队里的每一个人的社会资源进行整合，最终发挥的效用会完全不一样。因此，在选择创业团队成员时要把握好成员之间的共同点和互补性。一个理想的创业团队成员要有共同的创业理念、目标、价值观和金钱观，能有性格互补、能力互补、资源互补。

（三）角　色

创业团队组建之后，想要使企业科学有效地运行，必须要对团队成员进行分工，分工的依据是团队每个成员的性格、知识、技能、股份、年龄等，要合理分配每个人在团队中的岗位与职责，充分发挥每个人的才能，做到人尽其才，让团队每一位成员扮好自己的角色。在团队中，每个成员都通过同时扮演这两种角色而对团队目标做出贡献。一个成功的团队必须包括多种角色，通过担任不同团队角色的人的优势互补，才能组成有力的团队。不同人有不同的角色偏好，由于个性特征和智力因素的差异，个体可能更适合某些角色，而不适合其他一些角色。

一个成功的创业团队离不开合理的职能分配，这也是一个企业运行的最基本条件。作为创业团队的成员就必须承担一定的职责，即明确每一位创业团队成员在企业里担负的责任和拥有的权力。如何进行权责分配，首先要根据每个成员的专业特长和优势确定其职责，从而保证团队每个成员都能最大限度地发挥自己的能力，在创业过程中遇到的问题都能有相对专业的人来解决，从而有效地提高整个团队的办事效率。权责分配就是为了围绕企业的目标而行使，促使团队成员在紧密结合的基础上协调一致、统筹合作，既增强了整个团队的士气又能提高团队的工作效率，获得更多的收益。除此之外，还需要明确规定创业团队中每个成员所拥有的权力。在创业初期，很多创业团队实行的是群策，要由所有创业团队成员来履行决策权，所以每项决策都离不开团队的共同决议。当然这种情况只是出现在创业初期，在具体分工的时候还要实行分权，每一位创业团队成员履行好自己在企业中的具体角色，这就需要有与职能相对应的决策权力。

（四）创业计划

计划是一切行动的前提，没有一个科学的计划，任何行动都可能会没有前进目标和方向。创业也是如此，同样也要有自己的创业计划。一个创业团队想要获得成功必须要有准确详细的创业计划，这也是实现创业目标的前提条件。在制度创业计划时要充分考虑所创办的企业面临的内外部环境，还要正确分析创办企业自身优势、劣势等各方面的因素。创业计划不仅仅是为了创办一个企业，还要为实现企业的短期目标和长期目标而服务。除此之外，在制订创业计划时，一定要遵循计划的科学性、可行性和预见性，否则只能是纸上谈兵，对创业团队没有任何帮助。制订创业计划要确保组织目标的实现，而为了实现创业目标，在选择计划实施方案时，就要从众多的方案中选择最优方案，从而使创业团队的资源得到最合理、最有效的应用。

在确定团队目标、合适成员以及明确成员角色之后，就需要有一系列周密的计划来引导创业团队具体实施，从而最终实现目标。科学可行的计划也能为创业企业今后的管理控制活动提供一定的依据，使创业团队今后的发展与目标要求尽量保持一致，从而使创业团队在正确的创业轨道上更好的前进。围绕着如何实现创业目标，根据前期的市场调查情况和汇总的团队成员资源情况，首先制订创业的总体计划（确定企业战略、产品策略、市场策略等）；其次制定分阶段、分步骤的详细实施计划，责任到人，奖惩到位，对照目标，动态管理，以落实创业总体计划。

（五）管理制度

无规矩不成方圆，制度是一切组织良性运行的基础。规范的规章制度是大学生创业团队建设成功的基本保障，能让团队成员对企业有认同感，并调动他们的积极性和创造性，最大限度地提高工作效率，充分发挥每一个人的潜力和能力。一个成功的企业离不开强大的团队，而一个强大团队必须要有完善的管理制度，在创业初期，管理制度是企业普遍存在的问题。因此，应加强大学生创业团队在内部管理制度上的完善。一个良好的管理制度至少应该涉及以下四个方面：

1. 创业团队内部合作制度

"凝聚产生力量，团结诞生希望"说明加强创业团队凝聚力对企业的重要性。创业团队能否获得成功关键在于团队的凝聚力，然而团队成员之间的凝聚力不是与生俱来的，它需要团队成员之间在工作中不断交流、学习、锻炼和提高。人际交往有一定的规律性，所以创业团队成员只有掌握正确的交往方法才能建立起和谐的团队人际关系。因此，构建良好的大学生创业团队人际关系需具备以下六个方面的品质：正直、平等、诚信、宽容、换位思考、学会倾听。

2. 招聘制度

人与人之间有较大区别，每一个人都有不同的特质，大学生创业团队就是要把每个人的优势集中在一起，发挥出每个成员的优势，组建一个各方面优势互补的团队。当然，团队成员也存在着局限性，还需要召集专业的人才进入企业。因此，就需要企业有一个完备的招聘制度，明确招聘人才的要求和方向，避免在用人上存在裙带关系。

3. 激励机制

一个正式运营的企业都是由不同的部门组成的，而且每个部门的工作方向、工作强度、人员配置都不一样，所以应采取不同的激励机制，企业才会更加平衡稳定发展。总的来说，激励机制主要包含三个方面：一是对领军人物的激励；二是对投资者的激励；三是对一般员工的激励。

三、创业团队成员责、权、利的一致性

责就是应该承担的责任,也就是在一定的职位上必须履行的义务,同时也是每个团队成员应尽的职责。权就是权力,是个人在某一职位上所拥有的支配力量。利就是利益,也就是得到的好处,从大的方面来划分,利益分为物质利益和精神利益。例如,在团队日常销售经营过程中,主要还是对所售商品的管理经营。在经营过程中,如果要在这样的小团队中明确责任范围,确定权利与利益的公平分配,可以说是门大学问。责任划分是个不可忽视的工作,尤为重要。在一个企业里,责任划分小到个人,大到一个部门。划分工作责任实质上就是标准化管理。

责权利关系是一个创业团队最基本的关系,也是形成强大团队的基础。对一个团体而言,处理内部成员之间的责权利关系的原则就是团队成员的一致认可,是决定其生存与发展的内在原因;而能否协调好与其他团体的责权利关系,则是决定其生存与发展的外在原因。因此,在处理"责、权、利"三者关系时,应遵循以下几个基本原则:

(一)责、权、利三位一体

责任、权力、利益均统一于责任承担者一体,也就是在承担相应的责任的同时,也拥有一定的权力和利益。例如,你是某商品区域的责任人,那么这个商品区域就是你的战场,没有任何人能够影响你的正常工作,即便是你的团队成员,你都有权利制止他。同时,你也能根据自己的销售情况获得相应的报酬。

(二)责、权、利互相挂钩

在团队具体分工协作中,要达到责、权、利的平衡,避免出现有责无权或有责无利的责权利脱节状况。依据岗位的特点赋予每个团队成员应有的权力。一方面,既要确保从所属工种中获得相应的利益;另一方面,又要对自身工作承担起应有的责任。

(三)责、权、利明晰化

在制定团队管理制度时,就要让团队成员明确具体的责任内容、权力范围和利益大小。其排序方法一般是"权利到人,责任到人"。能做到责权利三者之间的平衡,人们的积极性才会发挥得更好。

第二节 创业团队的构建

一、创业团队构建的基本原则

(一)目标明确

目标的作用毋庸置疑,它是团队前进的方向和动力。目标明确,才能让每个创业团队成员都知道自己的努力方向并吸引更多认同创业目标的人加盟;目标也要合理,必须是通过集体的智慧和力量可能实现的,这样创业才更容易成功。

（二）能力互补

创业能力，也叫作创业团队胜任力。它是一种综合性能力，反映了一个创业团队胜任创业任务所要求的知识、能力和特质等。机会能力、战略能力、关系能力、组织能力、概念能力、沟通能力、学习能力和创新能力等是创业团队胜任力的重要因素。这些能力因素在创业过程中发挥着重要作用，甚至会影响创业实施行为质量和创业绩效。所以，能力也是创业团队的重要因素。只有团队合作才能弥补成员个人在知识、技能、经验、资源、性格等方面的不足，强强联合，优势互补，效率提升，往往会迸发出惊人的集体合力。

（三）精简高效

精简高效不仅仅适用于组织机构，同样适用于创业团队。特别是在初创企业中，创业团队成员宜精不宜多，这样既节省了初创阶段宝贵的投资，又避免了因股权过于分散而导致争执不休、议而不决。

（四）动态开放

开放性是创业团队的一个重要特征，它是影响创业团队完整性的重要因素之一。初建创业团队时多以情感为基础，但是随着创业不断发展和推进，各方面的缺陷逐步显露出来。为了完善团队，使团队逐步强大，只有通过团队成员的外部学习、新成员的吸纳、内部职能互补机制的构建。完善团队过程就是一个开放的过程，这是创业团队动态开放的重要体现。因此，没有创业团队的开放性，就难以实现创业团队的完整性。

创业团队动态开放是保障创业团队完整性的基础，也是创业团队适应外部环境发展的结果，可以说是创业团队的重要特征。创业团队动态开放主要表现在创业过程中的利益相关者影响着创业团队的行为和绩效，也就是说，创业团队是一个开放的系统，而不是孤立存在的，要与外界进行联系。例如，创业过程中的交换资源、信息和价值，实现创业绩效。对于一个创业团队而言，其是否开放及开放程度如何，取决于其与外界交换物质、技能、人事的意愿，所以，创业团队的开放性需要其资源拓展机制、群体学习机制来保障。创业就是一个甘冒风险、不怕失败、争取成功的过程，充满了未知数，有人退出就有人加入。所以有必要保持团队的开放性，吐故纳新，确保团队的血液新鲜、富有活力。

二、创业团队构建的影响因素

（一）创业者

创业团队中最关键的是核心创业者，核心创业者是整个团队的主心骨，是对创业产生重大影响的创业者。核心创业者是指创业团队中占主导地位的人，他是创业活动的发起者和组织者，是创业团队的核心领导人，是具有使命、荣誉、责任和思考、推理、判断能力的人。核心创业者的能力决定了需要什么样的团队成员。这就要求核心创业者必须对自身有正确的认识，认识到自身在创业过程中存在的不足。创业者对自己有一个理性认识以后，下一步就应当选择合适的创业伙伴，以弥补自身的不足，从而构建高效稳定的创业团队。核心创业者需要从其他成员获得创业所需的知识、技能、经验、社会网络等。因此，创业者必须从各方面来了解创业伙伴，从而组建一个真正能胜任的优势互补的创业团队。

（二）商机

核心创业者大多都是先看准了某个商机，觉得有能力有把握抓住这个商机，经过慎重思考和讨论后，最后才决定组建创业团队来实践这个商机。因此，什么样的商机就要与什么样的创业团队相匹配。核心创业者要根据商机的类型和特点，结合自身的能力与条件，选择成立创业团队的时间、地点、方式、创业伙伴等。

（三）价值观

认可进而信服创业团队的目标与价值观，是团队成员是否加入的首要条件和能否不计得失、共同奋斗的精神基础。谁都知道，创业是一件要冒风险、吃苦头的事情，为了更加长远的利益甚至还要牺牲眼前利益。不认可团队的目标与价值观，就不会觉得这是一件自己真正想干的事。如果勉强加入了团队，在以后的创业过程中遇到风风雨雨，也会丧失信心、临阵脱逃。即使创业团队成立了，没有共同的目标与一致的价值观来统领大家的思想，也会出现个人利益高于团队利益、短期利益大于长远利益的怪象，团队凝聚力、战斗力肯定会大大削弱。

（四）市场环境

国际国内经济大环境、国家政策环境、社会环境、资源环境、市场环境、人才环境等多种外部要素，都会影响创业团队的生存与发展状态。创业团队启动之前就要充分了解这些外部环境因素，既看到有利的因素，更注重制约的因素，在决定组建团队的时机、成员、商业模式等方面的时候，要把外部环境因素一一考虑进去，并有针对性地采取应对措施。

三、创业团队构建的主要任务

（一）明确创业目标

创业者为了吸引合适的创业伙伴，组建创业团队，一方面应当使自己的创业思路明晰，另一方面必须将自己掌握的创业机会形成一定的创意，进而形成一个创业目标。创业者形成的创业目标也就是为组建创业团队而设立的目标。这样更能够吸引创业伙伴，使想要加入创业团队的成员对未来的发展有充分的了解，更易于合作。

（二）制订创业计划

围绕着如何实现创业目标，根据前期的市场调查情况和汇总的团队成员资源情况，首先制订创业的总体计划（确定企业战略、产品策略、市场策略等）；其次制定分阶段、分步骤的详细实施计划，责任到人，奖惩到位，对照目标，动态管理，以落实创业总体计划。

（三）招募合适的员工

初创团队的资金往往偏紧，招人宜精不宜多，根据国外研究的成果，团队规模控制在5人至10人较为合适。招募人员时应考虑对方的人品、能力、性格、互补性等因素，但一个人的人品、能力很难直接观测出来。现实生活中，主要从教育背景和工作经历等方面来考察某个人的能力。当然，与一个人的能力相比，其人品更重要，它是考察其是否可以合作的基础，也是决定这个人是否值得信任的前提。在实际创业过程中，很多创业团队是基于亲戚朋友的关系而构建起来的，这些人之间本来就有较大的信任基础。因此，在创业初期，如果遇到困难和问题，那么创业团队成员一般能够较好地团结在一起，共渡难关。但在新创企业发展到一定阶段之后，依靠亲戚朋友所建立起来的团队往往会遇到权限不明、责任不清等问题，甚至可能因为在企业进一步的发展目标上存在分歧，而导致企业的分裂。因此在与亲戚朋友共同创业时，要注意提前处理好权、责、利等各方面的关系。

（四）责、权、利划分

创业团体中各种成员应当各司其职、有职有权、权责相当，才能保持团队的高效运转。有人负责新创企业的全面工作，有人负责企业决策，有人负责拓展市场，有人负责管理生产，有人负责人事行政事务等。这样明确团队成员的职责定位、权力划分，有利于使创业团队形成合力，实现创业目标。团队成员的职权不明会引起许多不必要的冲突。为了避免出现这一问题，有效的做法就是对团队成员的职权进行清晰地界定和划分，并根据创业实际需要随时做出动态的调整。

（五）制定管理制度

创业团队组建完成后，如何有效管理创业团队是一个重要的问题。管理创业团队涉及方方面面，但其重点在于团队人力资源的整合、激励和调整等方面。有效管理创业团队成员，应完善创业团队的制度体系，特别是团队的基本规章制度和激励制度，并采用规范的书面形式确定下来。约束制度有纪律规定、行政制度、人事制度、生产管理制度、财务条例、保密条例等，但还应考虑创业团队的管理特点，约束制度不可过于严格、死板，应实行人性化管理。激励制度包括利益分配制度、股权激励制度、绩效考核制度、奖惩制度、荣誉制度等。激励制度可谓更加重要，在凝聚人心、打造团队和调动成员主动性、积极性与创造性方面都具有不可替代的重大作用。创业团队的制度都服务于创业目标，制定时要有灵活性，需要时可增可改。

（六）团队调整融合

虽然创业团队是为了一个共同的目标而走在一起，但是毕竟团队成员的性格、背景、利益诉求、做事方式都有所不同，矛盾和冲突是必然的。团队领导要通过开诚布公、耐心细致的沟通与协调来弥合分歧、化解矛盾，并对团队的职权划分、人员安排等方面做出相应的合理调整，以利于团队成员的融合。随着创业的发展和团队的运作，原先组建时的考虑不周之处、不合理的安排也会暴露出来，因此团队的调整融合势在必行，而且需要一个过程。通过团队文化的建设，大力提倡团队意识、团队精神，造就和谐的团队氛围，能够极大促进团队调整融合的顺利进行并取得好效果。

【扩展阅读】
在某大学里，大三学生小王攻克了某种高级观赏鱼人工养殖课题，在毕业时，就用这个颇有技术含量和难度的科技项目，开始了自己的创业之旅。

为了开办公司,他找到了一个与他性格不同但优势互补的搭档小张。小王是技术型的人才,可以负责公司的技术问题,而小张是营销型的人才,可以负责公司的销售和外联工作。公司在天使基金的帮助下顺利成立了,由于产品填补了市场空白,一时间生意兴隆,他俩很开心。但是好景不长,渐渐地小王发现公司的业务很好,可就是不盈利。他细心地观察和打探之后,发现小张已经在外边又重新开了自己的公司。

是沟通不够?还是利益分配不均?还是其他原因?一心只顾技术改进的小王,确实缺乏企业管理知识。总之,在他们创业失败的诸多原因里,这对因为彼此优势互补而结合的团队,却因为彼此之间的诚信问题,导致团队合作失败了,从而导致创业失败。

由此可见,建立良好的诚信不仅是企业对外开展营销时应注意的问题,也是企业内部团队成功合作时必须遵守的前提。

第三节 创业团队的风险管理

一、创业团队风险的成因

(一)团队成员选择的随意性

创业团队成员的选择,是关系到创业团队能否和谐发展的前提。适合创业企业的成员被吸收进入创业团队,有助于企业的管理运作与长远发展;而不适合创业的人被吸收进创业团队,则会给企业的管理和发展带来巨大的潜在危害。

大学生创业团队形成的很大一个原因就是志趣相投。创业者心理层面的契合是创业团队形成的最主要原因。当然,如果是志趣与资源能够兼而有之对于创业者来讲肯定是最理想的,然而理性的创业者应该清楚,最理想的结果是不现实的。所以两者兼而有之的选择比例并不高,排在第二位。在团队成员选择力一面最不重要的是资源与技能,这说明创业团队成员之间如果缺乏心理层面的契合,只是单纯地依赖资源与能力的互补来结成创业团队的话,则很难形成团队整合的效率。考虑自己是否真的需要这些成员是精神上的支持,还是自己的知识和基本技能有漏洞,需要他人弥补?和不熟悉的人一起创业,结果不会很好;和自己熟悉的人合作,虽然会比较信任,但也会出现各种各样的问题。因此,如果确定自己真的需要这些团队成员,不妨认真思考一下他的存在价值。

(二)缺乏明确一致的团队目标

创业团队的目标必须清晰明确,能够集中体现出团队成员的利益,与团队成员的价值趋向一致,并保证所有的团队成员都能正确理解,这样才能发挥鼓励和激励团队成员的作用。此外,创业团队的目标还必须切实可行,既不应太高,也不应太低,而且能够随着环境和组织的变化及时更新和调整。

创业团队一定要在组成后,经过一段时间的碰撞形成一致的创业思路。成员们要有共同的目标,认同团队将要努力的目标和方向,同时还要有自己的行动纲领和行为准则。此外,还要保证团队成员间通畅的沟通渠道,要经常进行持续不断的沟通。团队开始工作时要沟通,遇到问题要沟通,解决问题时也要沟通,有矛盾时更要沟通。沟通的最终目的是使团队成员始终保持统一的目标。

(三)团队成员分工不明确

随着市场竞争的日益激烈,想凭借一己之力去取得卓越的成果,可能非常困难,企业应增强调团队凝聚力。单打独斗的时代已经结束了,取而代之的是团队合作。

实现团队合作的前提是分工,团队是一个整体,打造一支高效的团队不是在短时间内就可以做到的。领导者是团队的核心,是从全局角度把握整个团队方向的人。作为领导者,应学会熟练地与别人一起完成更多的工作。明确但不呆板的分工可以让每一位成员清楚地知道自己要做什么,什么时候做完,做到什么程度。这样就能够避免由于分工不明确而造成的部分人员闲置的问题。如果你还不太清楚怎样进行分工,那么你可以尝试给每一个任务都指定一个负责人,这是最简单的方法。这里强调不能呆板的意思是说,当分工确定后,如果某一任务的负责人员遇到了某种困难而无法按期完成的时候,应该适当地调整分工或者让其他成员帮助他们完成,不要死守原来的分工。

在团队建设初期要做好两方面的工作:首先要分析成员的关系,尤其是领导和下属的关系,准确为每位成员定位;其次要帮助团队成员学习协同工作的方法,如学会倾听不同观点,并采纳有用的建议。接着团队建设将着手以下三个方面的工作:分析诊断影响集体绩效的问题;对团队将要完成的任务达成共识;明确团队成员应负责的具体工作。

(四)激励机制不健全

有效激励是企业长期保持团队士气的关键。如果缺乏完善的激励机制,团队就难以长久维持。有效激励的重点是给予团队成员合理的"利益补偿"。现阶段,创业团队解散最主要的原因是团队矛盾和利益分配。出现团队矛盾的背后是利益分配机制不合理,因此可以看出,利益分配对于创业团队的持续长期发展有着重要的意义。

团队激励机制不是一开始就可以完善的,因为在团队组建初期,成员都无法预料到企业的前途,各成员在创业企业中的作用和贡献无法准确衡量。因此,团队没有一个明确的利润分配方案,可能会采取平均主义。随着企业的发展和利润的增加,随之而来的就是利润分配时的争议。如果没有合理的分配机制,则很容易导致创业团队解散。

(五)盲目照搬其他成功模式

关系驱动、要素驱动和价值驱动是组建创业团队的基本模式。关系驱动是指以创业领导者为核心的人际关系圈内成员构成团队。这一类创业团队主要是因为经验、友谊和共同兴趣形成的,彼此发现商业机会后共同创业。要素驱动是指创业团队成员对企业所做出的贡献,如资金、技术和场所等。价值驱动是指创业成员将创业视为一种实现自我价值的手段,他们的使命感很强,对成功的冲劲也很强。当前,很多企业成功的模式各式各样,因为组建团队的模式的条件不尽相同。如果盲目照搬照抄成功企业团队某种组建模式,会给企业带来巨大的风险。当前普遍存在的关系驱动模式,其团队的稳定性相对较高。但是,关系的远近亲疏会成为制约团队发展的瓶颈。现在的互联网创业团队多数属于要素驱动模式，如果成员之间磨合顺利，可以缩短企业成功所用的时间，但是如果磨合不顺利，就很容易产生解散风险。价值驱动模式中的团队成员为了追求自我价值而组建团队，但是一旦产生分歧，就是路线斗争，没有妥协的余地。

二、创业团队风险的控制

（一）确定清晰的创业目标

创业团队在实践中要不断总结和吸取教训，形成一致的创业思路，勾画出共同的目标，以此作为团队努力的目标和方向，鼓励团队成员积极掌握工作内容和职责，坦诚地与他人合作交流，贡献个人能力。

创业团队的目标必须清晰明确，能够集中体现出团队成员的利益，与团队成员的价值趋向一致，并保证所有团队成员都能正确理解，这样才能发挥鼓励和激励团队成员的作用。此外，创业团队的目标还必须切实可行，既不应太高，也不能太低，而是能够随着环境和组织的变化及时更新和调整。

（二）选择合理的团队成员

建立优势互补的创业团队是保持创业团队稳定性的关键。在选择创业团队成员时，要综合考虑成员在能力和技术上的互补性，基本保证具备理想团队所需的九种角色。除此之外，还要考虑团队成员的理解能力、表达能力、执行能力、社会资源能力、思维创新能力等方面，如果成员之间在这几个方面存在较大的差异的话，就会产生严重的沟通和执行障碍。

1. 考虑互补性

团队成员在能力或者技术上形成互补性，既有助于强化团队成员间彼此的合作，又能保证整个团队的战斗力，也能够较好地发挥团队成员的作用。因而，团队成员的选择必须关注这种互补性。一般而言，创业团队至少需要管理、技术和营销三个方面的人才。只有这三个方面的人才形成良好的沟通协作关系后，创业团队才可能稳定高效。

2. 考虑适度规模

适度的团队规模是保证团队高效运转的重要条件。团队成员太少则无法实现团队的功能和优势，而过多又可能会产生交流的障碍，团队很可能会分裂成许多较小的团体，进而大大削弱团队的凝聚力。一般认为，创业团队的规模控制在2至12人之间最佳。

（三）制定有效的激励机制

正确判断团队成员的"利益需求"是有效激励的前提。实际上，不同类型的人员对利益的需求并不完全一样，有些成员将物质需求放在第一位，而有些成员则是希望能够获得荣誉、发展机会、能力提高等其他利益。因此，创业团队的领导者必须加强与团队成员的交流，针对各成员的现实情况采取合理的激励措施。

创业团队的利润分配体系必须体现出个人贡献价值的差异，而且要以团队成员在整个创业过程中的表现为依据，而不仅是某一阶段的业绩。其具体分配方式要具有灵活性，既包括诸如股权、工资、奖金等物质利益，也包括个人成长机会和相关技能培训等内容，并且能够根据团队成员的期望进行适时调整。制定有效的激励机制，充分调动成员的积极性，把团队成员的作用最大限度地发挥出来。团队领导者要了解团队的需求，并及时采取有助于团队迈向成熟与高绩效的行动。在组建和管理团队的过程中，创业者紧紧围绕目标明确的原则，只有目标明确，工作才会有效。同时，要使团队成员所担任的职务同他具有的权力和所担负的责任相匹配，既要考虑团队所需要的高素质，又要考虑成员的能力互补。

【扩展阅读】

大雁法则

第一，每只大雁在飞行中拍动翅膀，为跟随其后的同伴创造有利的上升气流，这种团队合作的成果，使集体的飞行效率增加了70%。

第二，所有的大雁都愿意接受团体的飞行队形，而且都协助队形的建立。

第三，大雁的领导工作，是由群体共同分担的。虽然有一只比较大胆的大雁会出来整队，但是这只带头雁疲倦时，它便会自动后退到队伍之中，然后几乎是在难以察觉的情况下，另一只大雁马上来替补领导的位置。

第四，队形后边的大雁不断发出鸣叫，目的是为了给前方的伙伴打气激励。

第五，不管群体遭遇的情况是好是坏，同伴们总是会相互帮忙。如果一只大雁生病或被猎人击伤，雁群中就会有两只大雁脱离队形，靠近这只遭到困难的同伴，协助它降落在地面上，然后一直等到这只大雁能够重回群体，或是直至不幸死亡后，它们才会离开。

本章小结

在创业的过程中，人是最为关键的因素之一，所以创业者必须要意识到团队对创业成败的重要性。因此，创业者要学会如何构建高效团队以及创业团队的风险管理，这样才能够打造高绩效的创业团队。

本章节主要知识点：创业团队、风险管理、责任、利益分配、激励机制。

复习与思考

1. 创业团队的构成要素。
2. 创业团队构建的基本原则。
3. 创业团队构建的主要任务。
4. 假如你准备创业，如何选择合作伙伴？
5. 如果你是一个创业者，你将如何建立团队的管理制度，以保证沟通及时？
6. 假如你开始创业，将怎样进行人才选拔和任用？

第四章 创业机会

【学习目标】

了解创业机会的类型和来源,理解创业机会识别的方法和影响因素,掌握商业模式的内涵、影响因素和商业模式开发方法,并能够利用相关理论初步进行商业模式设计。

导读

机会是成功创业的关键,但它只青睐那些有准备的人;抓住机会,别让机会从指间滑过;如果同时存在多个机会,创业者顶多只能抓住其中之一。

——马云(阿里巴巴集团)

第一节 创业机会概述

创业是一项创造人生、改变命运的活动,是否能够把握机遇对于创业者能否成功有着至关重要的作用。机遇如同催化剂,没有机遇的催化作用,事情多半是难以成功的。当创业者具备基本的创业素质后,只要有市场需求的地方,就存在创业的机会,创业者只要适时、准确地把握住机遇,才能在创业过程中获得事业的成功。

创业是发现市场需要,寻找市场机会,通过投资创办企业满足这种需求的活动。哈佛大学教授史蒂文森(Stevenson H.)把创业解释为"不拘泥于当前资源约束的前提下,追逐机会并创造价值的过程"。随着经济的发展和技术的进步,将会在不断产生新需求、新市场的同时,也给创业者带来新的创业机会。创业者需要发现并抓住机会,否则谈不上创业。那么,什么是创业机会呢?

一、创业机会

(一)机会与创意

1. 机 会

机会是创业的核心要素,任何创业活动的开展都离不了发现机会这一步,如何识别创业机会,如何把机会转化为成功的企业,是创业者在创业过程中需要重点考虑的问题。通常情况下,创业机会总是处于隐性存在的状态,由于信息不对称、个体特质、社会网络、先验知识等多方面因素，机会识别的难度就显得相当复杂，往往只有少数人才能发现机会而获得成功。比如"饿了么"网站创办人张旭豪就是通过发现大学校园外卖服务市场存在空缺，成功地抓住这一创业机会，经过市场调研和摸索实践，最终获得了成功。大家不禁要问，为什么这么多大学生遇到夜里打游戏、看球赛时叫外卖很不方便的问题，却只有张旭豪将这个不便转化成了创业机会呢？这就是创业机会的识别问题。

创业因机会而存在，而机会又具有时效性特征，随着技术的进步和人们消费习惯的变化，机会稍纵即逝，这就需要创业者对市场中存在的商业机会要保持高度的警觉性。由于对创业机会进行界定非常困难，所以不同创业个体就可能意味着不同的机会，这就需要创业者在特定的时间，通过特有的警觉性来识别和发现别人发现不了的商业信息，并对商业信息不断进行外在化表现，从而识别创业机会。创业机会发现就是个体对市场上存在的商业信息进行有意识的系统搜集、处理并识别的过程，更多体现的是创业者卓越的信息处理能力。

创业机会，一般是指适用于创业的商业机会，是指有吸引力的、较为持久的和适时的一种商务活动的空间，并最终表现在能够为消费者创造价值和增加价值的产品或服务中。创业机会是可以引入的新产品、新服务、新原料和新组织方式，并能以高于成本价出售的情况。

凡是有利于为消费者或客户提供更美好、更便宜、更便捷、更适用的产品或服务，都可以称为商业机会。商业机会，也称为市场机会，通常体现为市场上尚未满足和尚未完全满足的有购买力的消费需要。

创业机会与商业机会的区别：创业机会是创造机会，商业机会是寻找机会。两者的联系：创业机会是商机，但是商机不一定是创业机会。

2. 创　意

机会的识别来自于创意的产生。创意（idea）是具有创业指向、具有创新性或是原创性的想法，是将问题或需求转化成逻辑性的构架，让概念物像化或程序化，而不是单纯的奇思妙想。创意的形成是一个过程，可能时间很短，但在创意产生之前，机会的存在与否意义并不大。创意是任何一个时代的主题，一个好的创意将有可能给拥有者带来巨大的发展空间，但应该清楚的是，并不是所有的创意都适合创业。同样的创意，不同的人可能有不同的开发途径，会抓住不同的创业机会，最终也会产生不同的效果。

理解创意和创业机会的区别和联系非常重要。创业家们常说："好的创意是成功的一半。"实践中，很多人创业失败的原因，大部分并不是因为创业者没有创意、没有付出努力，而是因为没有利用好创意来抓住机会填补市场的某种需要。所以说，创意没有绝对意义上的好与坏。具有价值潜力的创意有以下几个特征：

（1）独特、新颖，难于模仿。

创业的本质是创新，创意的新颖性可以是新的技术和新的解决方案，可以是差异化的解决办法，也可以是更好的解决。另外，新颖性还意味着一定程度的领先性，不少创业者在选择创业机会时，关注国家政策优先支持的领域就是在寻找领先性的项目。不具有新颖性的创意不仅将来不会吸引投资者和消费者，而且对创业者本人都不会有激励作用。创意的新颖性还可以加大他人模仿的难度。

（2）客观、真实，可以操作。

有价值的创意绝对不是空想，而要有现实意义，具有实用价值。简单的判断标准是能够开发出可以把握机会的产品或服务，而且市场上存在对产品或服务的真实需求，或可以找到让潜在消费者接受产品或服务的方法。

（3）对用户的价值与对创业者的价值。

创意的价值特征是根本，好的创意要能给消费者带来真正的价值。创意的价值要靠市场检验，好的创意需要进行市场测试。同时，好的创意必须给创业者带来价值，这是创业动机产生的前提。

看到机会、产生创意并发展成清晰的商业概念，这是创业者识别创业机会启动创业活动的基本前提。简言之，并不是所有的创意都能成为创业机会，创意是创业机会识别的前提，创业机会是适合创业的创意。在因产生商业创意而激动不已时，创业者就务必要了解该创意是否填补了某种需要、是否满足了创业机会的标准。

（二）创业机会的特征及类型

1. 创业机会的特征

（1）创新性。

创业机会体现为新的解决方法、新的技术，也可以是差异化的解决方案。这种差异也只有在能够更好地满足市场需求的前提下提升创业项目的竞争优势。创新是创业的灵魂，创业机会必须要具有创新性，这样才能在竞争中脱颖而出。失去创新将难以存在，也不会具有核心竞争力。

（2）商业价值。

创业机会来源于创意，创意是一种新思维、新方法、新技术，是一种模糊的机会。这种模糊的机会在多大程度上解决顾客的某种特殊诉求或者满足其潜在的需求，决定着它能否转化为理想的创业机会。

理想的创业机会通常是顾客所渴望的某种未来状态，它被其消费者接受的深度和广度决定着它所能创造的商业价值空间的大小，以及后市的成长性。足够大的商业价值空间是创业项目赖以生存的必要条件。苹果公司从推出第一代手机到 iPhone7，它几乎一直引领着手机消费市场，一跃成为全球第一品牌价值公司。这只能归因于它一直致力于解决并满足消费者的某种特殊诉求或者潜在的需要而对其产品进行更新换代。与此同时，也给苹果公司带来了巨大的商业利润，从而又助推了苹果产品品牌价值的大幅提升。

（3）持久性。

创业机会应该具有持久性，它必须在一个持续放大的机会之窗下，才能够得到进一步发展，也就是说，市场能够提供一定时间使创业者有时间来开发机会和交付价值。所以创业者在对创业机会进行评价时，应当把握创业机会的这一特征，综合考虑经济、社会发展的现状，开发出高于现有水平的产品或服务，避免造成对资源和精力的浪费。

（4）可操作性。

理想的创业机会一般都是历史发展到一定阶段的产物，存在于某个特定的时间段，这个时间段是进入该产业得最佳时机，即：机会之窗。创业机会从创业实践角度而言存在可行性，应具备必要的外在条件和内在要求，如一定的技术水平、物质条件等。好的创业机会必须在机会之窗存在的期间被付诸实施。创业机会具有易逝性或时效性，创业者利用机会时，"机会之窗"必须是开着的，否则一旦错过，创业机会很可能就此消失和流失。

2．创业机会的类型

创业需要机会，机会要靠发现。创业难，发现机会更难。创业者要想寻找到合适的创业机会，必须应该先学会识别创业机会，创业机会的类型和依据详见表4-1。

表 4-1　创业机会的类型及依据

分类依据	创业机会类型	定　义	阐　述
创业机会的来源	问题型	由于现实中存在的未被解决的问题所产生的机会	因消费者的不便、顾客抱怨、大量退货、服务质量差等产生，如张旭豪创办"饿了么"网站契机就是因深夜无法叫外卖
	变化型	在变化中看到未来的发展方向，预测到将来的潜力和机会	这种机会一般容易产生在时代变迁、环境动荡的时期。如柳传志创办联想就是在中国经济改革转型之际
	组合型	将现有的两项以上的技术、产品、服务等因素组合起来，实现新的用途和价值而获得的创业机会	对已经存在的多种因素重新组合，实现 1+1>2 的效果，如芭比娃娃就是将布娃娃和少男少女形象结合的产物
目的——手段关系的明确程度	识别型	市场中"目的-手段"关系十分明显，创业者可通过其连接来辨别机会	当供求之间出现矛盾或冲突时，不能有效地满足需求，或根本无法实现这一需求时而产生的新机会。一般问题型机会都是如此，如陈欧创办聚美优品、罗红创办好利来等
	发现型	目的或手段的任意一方状况未知，等待创业者去发掘机会	一项技术被开发出来，但尚未有具体的商业化产品出现，要不断尝试挖掘市场机会。如激光技术就是数十年后才真正为人们所用
	创造型	目的和手段皆未知，创业者要比他人有先见之明，才能创造出有价值的市场机会	在目的和手段都不明朗的情况下，创业者要创立连接关系的难度很大，但一旦连接则可能获得极大的成功。如创办苹果的乔布斯、创办Facebook的马克·扎克伯格等

二、创业机会的来源

我们正处于一个机会无处不在的时代，好的创业机会是企业成功的核心。那创业机会从何而来？杰夫里·蒂蒙斯教授认为，创业机会主要是来自改变、混乱或是不连续的状况，主要有七个来源：法规的改变；技术的快速变革；价值链重组；技术创新；现有管理者或投资者管理不善;战略型企业家;市场领导者短视,忽视下一波客户需要。彼得·德鲁克在《创新与企业家精神》中指出,创新机会有七个来源,前四个机会来源于企业的内部。这四个机会来源分别是:出乎意料的情况——意外成功、意外失败、意外的外部事件;不一致——实际状况与预期状况之间的不一致或者与原本应该的状况不一致;以程序需要为基础创新;产业结构和市场结构的改变,出其不意地降临到每个人身上。另外三个机会来源于企业或产业以外的变化:人口的变化;认知、情绪和意义的改变;科学和非科学的新知识。

我国学者关于创业机会来源的研究中,刘合强指出创业机会主要来自五个方面,包括问题、变化、创造发明、竞争以及新知识、新技术的产生。陈震红等将创业机会归纳为技术机会、市场机会和政策机会三类。

从上我们可以看出,尽管学者们对创业机会的来源表述不一,但他们的观点还是存在一些共性,如他们都提到创业机会往往是因为变化而出现,如知识技术变革、政治制度变革、人口变化、产业结构和市场结构变化等。变化是创业机会的重要来源,没有变化,就没有创业机会。当然,创业机会还来源包括市场的不协调混乱、问题的产生、信息的滞后、领先或缺口等其他各种各样的状况。对创业机会来源于的争议主要体现在创业是否客观存在,即创业机会是客观存在于外部环境之中还是存在于创业主体的构想中。借鉴以上专家学者的观点,将创业机会的来源分为宏观环境变革及创业主体构想两大类,如表4-2所示。

表 4-2 创业机会的来源

创业机会的来源	具体来源	表 现 特 征
环境变革	政治制度变革产生	政治制度的变革是指国家的发展,政府部门与时俱进推行的新政策会带来大量的商机,如改革开放、企业改制、创业优惠政策,环保法规出台等,都产生了一批新的企业
	经济结构调整产生	经济结构的调整是指随着经济的发展,行业结构发生变化,改变了行业中的竞争状态,有的企业被吞并、有的企业消亡、有的企业应时而生。商机无处不在,就看创业者如何把握机会
	知识技术革新产生	知识技术革新在影响和推动社会发展方面发挥了至关重要的作用,新知识和新技术的出现改变了企业之间的竞争模式,使创办新企业的机会大大增加
	人口结构变化产生	人口结构变化是指人口规模、年龄结构、受教育程度、就业状况、收入水平等带来的一系列变化,在这些变化中又蕴含着大量的创业机会。它对消费品市场的发展具有巨大的推动作用
	市场需求变化产生	随着社会经济的不断发展,市场的需求也随着生活水平的不断提高而发生巨大的变化,与此同时也衍生出很多新型企业,影响着人们的生活方式
创业主体构想	主动型创业者创业	受创业者个人经历、思维认知或社会网络关系等因素的影响,创业者创造或建构创业机会,创业机会同时也反过来塑造创业者,其结果就是创业者创造出一个新市场

三、创业者对创业机会的把握

当创业机会出现的时候,创业者可以根据自身的条件和偏好选择不同的创业方式,这往往与创业者的风险意识、以往经验、生活条件和创业动机等有着很大的关系,所以创业的类型也不尽一致。

(一)复制型创业

创业者根据他原来所在的公司,复制公司原有的运营模式,虽然说选择这类创业的创新成分较低,但是对于无创业经验的创业者来说这种方式的风险较低、成功率较高。比如某人在一家家教辅导中心负责管理工作,离职后到家乡所在的县城自行创办一家同类型的家教辅导中心。复制型创业因为创新贡献太低,缺乏创新精神,创业者只是创办了一家新企业、获得第一桶金而已,但是要想在市场上获得长远的发展机会的话,必须要注重自己创新。如果长期缺乏创新的动力,长期靠复制的话,企业难免会昙花一现。

(二)模仿型创业

这类的创业虽然说创新的成分也较低,没有带来新价值的创造,但与复制型创业不同的是,创业者在创业过程中面临很大的风险性。例如,一个教数学的老师辞掉了学校的工作,开设了一家当前比较流行的自媒体工作室。这类创业具有较大的不确定性,学习的过程较长,代价也会较高。这类创业只要创业者具有一定创业素养,通过系统的创业培训,把握适当的进入时机,还是有很大的成功机会。

(三)安定型创业(内部创业)

这类型的创业,并不是说创业者需重新创建一家新的企业,对他们来说并没有太大改变,他们依然是在自己所在的公司,从事自己熟悉的工作,结合公司发展需要,开展创新创业活动。这类创业强调了创业精神的实现,也为市场创造了新的价值,公司内部创业就是属于这种创新。例如,某公司的一技术小组在完成一项新产品开发后,又到另一个部门开发另一个新产品。

(四)冒险型创业

这类型的创业属于难度很高的创业,创业面临失败的风险极高,存在很大的不确定性,这会对创业者带来极大改变,个人前途更难确定。比如高新技术研发、新商业模式就属于这类。虽然这类创业风险很高,但一旦获得成功,所获得回报也是惊人的,正所谓风险与利益共存。这类型创业要想取得成功,与创业者的创业能力、风险偏好、创业时机、创业策略、经营模式等有很大关系。

第二节 创业机会识别

一个好的创业者,一定是一个好的创业机会发现者,他们善于抓住好的机会,把握每一个稍纵即逝的创业机会。抓住了好的创业机会就等于成功了一半。发现机会、识别机会是一个循序渐进、持续提高的过程。创业机会固然是越多越好，若不能识别和选择合适的创业机会，创业者未必会陷入恶性循环。

创业机会识别是创业过程的起始阶段，是创业能力和竞争优势的重要来源之一。机会识别对整个创业过程的影响，甚至对创业活动的成败都是至关重要的。

一、创业机会识别的影响因素

创业者的创业机会识别能力是创业能否取得成功的关键因素是创业者在"机会窗口期"与创业机会互动之中所体现出的一种综合能力。创业机会识别的影响因素主要包括以下八个方面：

（一）人格特质

创业者在创业机会识别过程中会受到风险感知、不确定性规避、自我效能、成就取向、控制点及独立性需要等人格特质的影响。反过来，创业者的人格特质也会影响创业机会识别。如果创业者属于机会性人格、变革性人格、坚韧性人格这会有利于创业机会识别，而积极性人格则对创业机会识别的影响不显著。由于人格特质的研究借助心理学的相关分析工具，在操作方面存在一定的困难，这方面的研究并不令人满意。

（二）先验知识

在一些特定的行业中，如果创业者具有先验经验有助于创业者识别创业机会，这被称为"走廊原理"，是指创业者一旦创建企业，他就开始了一段旅程，在这段旅程中，通向创业机会的"走廊"将变得清晰可见。也就是说，一个具有行业经验的人一旦投身于自己熟悉的行业进行创业，这个人将比行业外的人更容易观察到行业内的新机会。每个人因为有着自己不同的人生经历，所以会具有不同的先验知识，而这些不同的先验知识导致不同的人面对同一环境、同一事物时会看到各自不同的机会。先验知识与创业机会识别的数量正相关。

（三）创业警觉性

创业警觉性是创业机会识别的关键要素之一，创业警觉性是柯兹纳首先提出的。他认为警觉性是能够识别出被其他人所忽略的机会的一种个人能力，而且创业者的创业警觉性与其所能识别出的机会数量呈正相关。现实中，每个人都有自己的关注点，创业机会的识别是受各种不同因素影响的结果，与其说是创业者有"第六感"，他们能看到别人不能看到的甚至是错过的机会，还不如说是他们比别人对机会更加"警觉"。拥有每个领域更多认识的人，比其他人对该领域内的机会更警觉。那些具有创业警觉性的创业者更可能成功识别和开发出创业机会。

（四）社会关系网络

社会关系网能给创业者带来有价值的信息，而有价值的信息是创业机会的重要组成部分，社会关系网络的深度和广度又对创业机会识别产生影响。创业者的家族资本、社会资本、社会网络会对创业机会识别产生积极影响。创业者可以通过社会关系网来获得相应的资源，识别和利用客观存在的创业机会。可见，社会关系网有助于创业者获得更多有用的知识和社会资源，起到创业者与创业机会的桥梁作用，个人更容易从社会关系网中识别出创业机会。当然，在面对不同类型的创业者时，他们的社会关系网的复杂程度、多样性、关系强度和密集程度对机会识别产生深刻的影响。

（五）性　别

创业者性别的不同对创业机会识别产生影响，男性创业者和女性创业者因为在喜好、社交、思维、消费习惯等方面存在差异，在机会识别中会利用不同的人力资本，采取不同的机会识别过程，发现不同创业机会，创办不同类型的企业。但是所识别出的机会在创新性方面没有明显差别。

（六）创造性

近年来，人们开始关注创业者认知能力对机会识别的影响，创造性是产生新奇或有用创意的过程，机会的识别在某种程度上是一个创造过程，是不断创造性思维过程，创造力与机会识别显著相关。当创业者听到各种趣闻轶事后，很容易把创造性包含在产品、服务和业务的形成过程中。不同创业者的创造性在创业机会识别中是存在差异的，拥有创造性的创业者通常能够对外部环境具有更强的警觉性，更善于开拓和改善自身的社交网络，因此，有助于识别出更多的创业机会。

（七）环境因素

环境因素包括诸如技术创新、制度变革、经济走势、社会习俗、文化法律等多项内容。在不同的时期，每个国家的技术、市场、社会价值和政府的政策法规四种环境会对机会识别产生影响。环境因素可分为风险性环境、不确定性环境和模糊环境三种类型，在不同环境特征下，机会的来源不同，因而机会的识别方式也存在差异。在风险性创业环境、不确定性创业环境和模糊创业环境下均存在环境动态性和不确定性。但是，创业环境的动态性和不确定性对创业机会识别产生积极和消极的影响作用，对创业者来说机会与危机共存。

二、创业机会识别的方法

（一）创业机会识别的过程

从最初的创意准备，机会的搜索评估，到最后创业决策的制定，创业者不断对创业机会进行评估，预期价值实现的可能性，这一过程就是创业机会的识别过程。识别创业机会的过程是思考与探索反复互动，并将创意进行转变的过程。对创业者来说，创业机会的识别分为五个阶段，如图4-1所示。

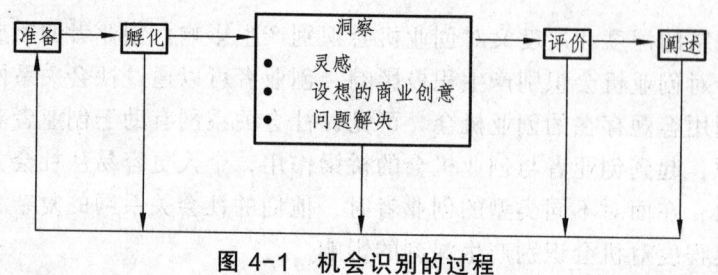

图 4-1 机会识别的过程

1. 准备阶段

准备阶段是指创业者要具有创业机会识别所需的经验、知识和背景。大多数的创意都是来自于创业者个人先前学习和工作经验。如果没有相关的知识和经验的话,个人则很难发现机会。

2. 孵化阶段

孵化阶段是个人仔细考虑创意或思考问题的阶段,也就是对所遇到的事情进行深思熟虑的时期,有意识观察事情是否存在的问题。有时,孵化也是无意识行为并出现在人们从事的其他活动时。

3. 洞察阶段

洞察阶段也是识别闪现,存在的问题通过长时间思考突然解决,办法被发现或创意得以产生,问题得以解决。有时,这也称为解决问题的"灵感",是创业者识别创业机会的时刻,如果办法行得通的,这种经验推动先前发展;否则,它促使个人返回到准备阶段。例如,创业者认识到机会所具有的潜力,但把握机会之前必须要有更多的知识和考虑。

4. 评价阶段

评价阶段是仔细审查创意是否可行的阶段,许多的创业者没有经过这一阶段就准备跨越过去设法实现它,这是具有挑战性的一个阶段,需要创业者对其创意是否可行采取一种公正的看法。

5. 阐述阶段

这一阶段需要创业者对其创造性的创意进行具体化的过程,把创意构思进行清晰描述,并变成有价值的新产品、新服务、新原料、新的组织方式或新的商业概念。

创业机会的识别过程就是价值诉求由不明确到明确的过程。识别过程中主要回答两个问题:一是市场上是否存在需求缺口;二是这种需求缺口有多大。这是衡量价值诉求是否明确的两个重要维度。识别创业机会对创业者固然重要,更重要的还在于创业者创造价值的能力。

(二)创业机会识别的方法

创业者可以利用各种渠道和各种方式来获取有关环境变化的信息,发现当前产品、服务等方面存在的不足和差距,从而找到或创造出一种解决办法,最终识别出创业机会。这就需要创业者掌握一定的方法完成机会识别过程。

1. 一般性头脑风暴法

利用头脑风暴法可以帮你打开思路产生不同的想法的方法。创业可以从一个词汇或一个想法开始，尽可能多地将头脑中的想法在白纸上写下，有多少写多少，不管这些想法看起来并不相关或十分离奇，但它是很多企业产生新产品想法时采用的一种方法。在问题设定的时候，范围不能太小，也不能太大，以便于创意的产生。当问题陈述准备好后，挑选6~12个来自不同知识背景的人员组成讨论小组，每人就问题提出自己的解决办法，所有的办法不管对与错，是否符合逻辑，都要逐一记录下来，讨论过程中不允许相互评价和批评对错。

2. 新眼光调查，注重二级调查

创业者在初期为了发现一个新的创业机会，通过与顾客、供应商、销售商和企业员工进行交谈和采访，直接了解当下正在发生和将要发生什么，再通过阅读某人的作品、利用互联网搜索、浏览寻找你所需的信息资料，这就是二级调查的形式。新眼光调查来源于创业者敏锐的觉察力和判断力。创业者要做到用新眼光看待新问题，没有知识积淀和文化底蕴是不行的。只有掌握多种知识，完善知识结构，用知识武装自己，做一个博学的人，才能综合分析事物的发展规律以及解决问题的最佳方案，否则就会具有很大的片面性，造成严重的错误判断。正如著名商人胡雪岩所说："你有一县的眼光，就会有一县的生意；你有一省的眼光，就会有一省的生意；你若有天下的眼光，就会有天下的生意。"现实生活中，不少人都有很强的事业心，也很想干一番大事业，如果视野狭窄，目光短浅，做事缺乏眼光和前瞻性，就只能干些小打小闹、平平淡淡的事情。

3. 通过系统分析发现创业机会

通常，有很多机会的创业者可以通过系统的分析来发现。创业者可以通过分析自己所在企业的宏观环境（如政治、法律、技术、人口等）和微观环境（顾客、竞争对手、供应商等）的变化来发现创业机会。创业者再借助市场调研来验证，从环境变化中发现机会，这是创业机会发现的一般规律。

4. 通过问题分析和顾客建议发现机会

问题分析要从市场当前所面临的问题和需求入手，这些问题和需求可能是显性的，也可能是隐性的。一个有效并有价值回报的解决方法对创业者来说是识别机会的基础。这个分析需要全面了解顾客的需求，以及可能用来满足这些需求的手段。

此外，还可以从顾客那里征求想法。一个新的机会可能由顾客识别出来，因为他们知道自己究竟需要什么。然而，顾客就会为创业者提供机会。顾客建议多种多样，他们会提出一些诸如"如果那样的话不是会很棒吗"这样的非正式建议。留意这些，有助于你发现创业机会。

5. 通过创造获得机会

这种方法在新技术行业中最为常见，它可能始于明确拟满足的市场需求，从而积极探索相应的新技术和新知识，也可能始于一项新技术发明，进而积极探索新技术的商业价值。

通过创造获得机会比其他任何方式的难度都大，风险也更高。但是，如果能够成功，其回报也更大。这种情况下所产生的创新在人类所具有重大影响的创新中，居于压倒性的主导地位。索尼公司开发随身听（walkman）就是一个很好的例子。索尼公司觉察到人们希望随身携带一个听音乐的设备，并利用公司微缩技术的核心能力从事项目研究，最终开发出划时代的产品——随身听，取得了巨大的成功。

6. 通过市场空隙发现机会

新产品的孕育，首先就是要通过市场空隙来发现创业机会。所谓市场空隙，就是指能够提供改进缺陷或缺点的产品（服务）的市场。在现代社会，市场竞争越来越激烈，随之涌现的众多企业巨头使传统市场大多处于饱和状态，创业者就要善于去发现缝隙市场，找准细分的行业，打开新的局面。企业之间的不完全竞争状态，也会导致市场存在各种需求，大企业不可能完全满足所有顾客的市场需求，那么这必然使中小企业具有市场生存空间。例如，沃尔玛、大润发等大型连锁超市不可能涵盖所有的商品，不可能满足所有顾客的需求，那么中小企业可与大企业以互补的方式，满足市场上不同客户群的需求。这也可以说，市场对产品差异化的需求是大中小企业并存的理由，细分市场以及系列化生产使小企业的存在更有价值。

三、创业机会识别的步骤

创业机会的识别步骤，其实就是如何将企业构思变为创业机会的过程。

第一步，判断新产品（服务）将如何为顾客创造价值及使用新产品（服务）的障碍。根据对产品或服务的潜在障碍以及市场认可度的分析，得出新产品的潜在需求、早期使用者的行为特征及产品达到创造收益的预期时间。

第二步，分析产品在目标市场投放的技术风险、财务风险，并进行机会之窗分析。

第三步，在产品的制造过程中是否能够保证足够的生成批量和可以接受的产品质量。

第四步，估算新产品项目的初始投资额，使用何种融资渠道。

第五步，在更大范围内考虑风险程度以及如何控制和管理那些风险因素。

第三节　创业机会评价

创业本身是一种高风险的行为，有价值的创业机会也是有风险的，一旦创业失败不仅仅会给创业者带来金钱损失，也会对创业者的信心带来一定的影响，甚至还会放弃创业梦想。如果创业者能够在创业前对自己的创业项目进行客观的评价的话，就不至于一再失败，创业成功的概率也会得到大大提高。

如何评价创业机会，降低创业风险，结合一些小型创业者的特点，整理一套评价方法，作为创业者是否进行创业的决策参考。

一、创业机会的价值特征

有价值的创业机会具有时效性、价值性等特征,一般体现在以下几个方面:

第一,满足顾客的需求。创业机会来自于顾客的需求,只有当创业者提供的产品或服务满足顾客的需求时,创业机会才具有价值。例如,小区里的便利店为小区居民的日常生活提供了方便,尽管价格比大型超市要贵一些,但由于方便,贵一些人们也愿意购买。

第二,收益性大于风险性。风险与收益相伴而生,一个创业机会好与坏,主要是通过比较其风险性和收益性来判断的。创业机会的风险性是由环境的不确定性带来的,而收益性是产生创业机会的根本原因和前提条件。只有当创业机会的收益性大于风险性的时候,创业者的创业活动才有意义。

第三,较大的市场容量。有一些创业机会虽然能够满足顾客的需求,但是需要的顾客不多,或顾客购买数量有限,这就是市场容量。如果市场容量有限,所获得的利润不足以支付成本,那就很难盈利;如果市场容量较大,竞争者又较少,带来的是旺盛的市场需求和较高的盈利水平。同时,较大的市场容量意味着发展空间较大,发展持续时期较长,利润的增长空间也较大。

第四,需求的及时性。有些创业机会虽然说有广阔的市场前景和发展空间,但是进入的时机未到,市场尚未成熟。像这样的机会通常具有很大的风险性,创业者只有等待,在恰当的时候及时满足顾客的需求,企业才能获利,才能生存。

第五,较明确的目标市场。如果一个创业机会没有明确的目标市场的话,则很难有价值。一个好的创业机会一定要有明确的目标市场,创业者才能有针对性地对目标顾客提供有价值的产品或服务。

第六,资源可获得性。一个创业者如果没有充足的人、财、物、信息和时间等资源的话,再好的创业机会也只能束之高阁,难以实现由创业到创富的转变。这取决于创业者的个人特质。除了要具备创业机会的客观因素(市场、环境、时间等),创业者还应考虑自身条件这一主观因素(主要包括创业团队、创业资金、技术、信息等)。

二、创业者与创业机会匹配

尽管发现了创业机会,但这并不意味着要创业,更不意味着成功就在眼前。当创业者发现一个好的创业机会时,可能为之欢之雀跃。兴奋之余,必须对这种机会与创业者的匹配性进行研究:这个机会适合我吗?是我还是别人来利用这个机会呢?所以,判断创业机会是否适合个人的主要依据在于机会特征与个人特质的匹配。

创业机会的识别过程可以分为两个阶段:一是识别第三人机会阶段,也是感知不确定性数量的阶段;二是识别第一人机会阶段,也是个人承担不确定性意愿增强或减弱的阶段。上面所说的第三人机会是对某些市场主体而言的潜在机会,而第一人机会则是指对于创业机会识别者或创业者本人而言的潜在机会。第三人机会识别过程中的个人因素与机会因素匹配包括增补型匹配、互补型匹配和结构型匹配三种。

（一）增补型匹配

增补型匹配指有关顾客掌握的信息与创业者所掌握的顾客知识相同或相近，或者有关技术的信息与创业者所掌握的技术知识相同或相近，从而产生增补型的效果，这种增补型的匹配会增强创业者的创业意图。比如某些地区家电用户出现维修难的问题，一个物理专业毕业的有维修经验的大学生开设了一家电器维修店且服务周到，得到了大家的认可。

（二）互补型匹配

互补型匹配指个人因素和机会因素能在一定程度上改善创业环境或者补充创业环境所缺少的东西，从而产生类似于一组成员匹配中互补型匹配的效果，因此互补型匹配有利于识别创业机会。例如，一家服装生产企业因为设计款式落后不能满足顾客的要求，所以生意一落千丈，而另一家服装设计公司有着新颖的符合消费者需求的设计，一直没有找到合适的生产企业，两者一拍即合，生产出的服装顾客满意，取得了不错的业绩。再如，一个创业者发现了一个很好的机会，万事俱备，只缺资金，而另外一个人手里有大量的闲余资金，一直没有找到合适的项目，两人一拍即合，项目马上启动，迅速打开了市场。以上两个例子说明，产生了互补型匹配，有利于识别创业机会。

（三）结构型匹配

结构型匹配指已知的某种知识关系（如某种技术或服务适合用于某类顾客），通过直接推理、类比推理、相似性比较、模式匹配的方式，把这种知识关系应用改进新的潜在的或实际的顾客需求与创业者所拥有的知识、技术和服务方法或新技术之间的匹配上。比如一个创业者正在经营一家空调维修的店铺，他在入户维修时发现许多用户家里正在用空气能热水器，于是他开始发展空气能热水器维修业务。几年后，他的店铺生意红火，还把业务扩展到冰箱、空气泵等业务上。以上案例中的这个创业者已懂得空调的空气压缩知识，通过类比推理和相似性比较，把业务扩展到空气能热水器等业务上。

并非所有机会都适合每一个人。一个高校在职具有律师资格证的老师，在兼职的时候对律师事务所的运作模式有所了解，但是他不可能放弃高校教师的职业而去开办自己的律师事务，因为他缺乏必要的管理知识和人脉资源。也就是说，即使他看到了创办律师事务所有很大的机会，但因为没有相应的管理技能、人脉、资金等而选择放弃创业活动，他可以把这个机会传递给更适合的人。当然，创业不能拘泥于当前的资源约束，创业者可以整合外部资源开发机会，但这需要个人具有资源整合的能力。

也并非所有的机会都有足够大的价值来弥补把握机会所付出的成本。一旦选择创业的话，意味着创业者要在市场调研、产品设计、产品试生产、市场营销、员工雇佣、设备购置、售后服务等方面发生一系列的成本，并且还意味着要放弃原来的工作机会，为创业付出时间和精力，从而产生机会成本。创业者的创业机会成本越高，意味着创业机会的价值创造越高，所创办的企业越具有成长潜力。

所以，识别和选择创业机会，是创业者与创业机会相互匹配的过程，只有两种关系恰如其当的时候，创业活动才可能发生，也更有可能获得成功。

三、创业者对创业机会的初步判断

通过创业者对创业机会的匹配，认定创业机会非常适合自己，还需要进一步对创业机会进行初步的判断。

初步判断就是假设加上简单的计算，虽然这样的判断看起来有点可笑，不敢相信，但是都很有效。一般而言，机会都会稍纵即逝，如果前期都要去做详细周密的市场调查的话，不仅费时费力，还会错失良机。有时因为在调查的过程中发现了很多问题，以至顾前想后，难以决策，失去了创业的激情和勇气。

假设加上简单计算只是创业者对机会的初步判断，进一步的创业还需要依靠调查研究，对机会的价值进行进一步的评价。如果机会价值远远大于机会成本，创业者则可以根据自己的判断，展开实地调研，深入市场考察，为下一步创业做好准备。

四、系统地评价创业机会

创业者通过采用假设加上简单计算的初步判断来评价创业机会，虽然说这种方法简单快捷，加之未来的不确定性因素，这并不意味着初步判断就足够了。如果条件允许的话，对创业机会进行系统的评价是非常有必要的。我们可以从行业和市场、经济因素、竞争优势、管理团队、致命缺陷问题、个人标准、理想与现实的战略差异等方面来系统评价创业机会的价值潜力，具体可参照杰佛里·蒂蒙斯教授所提出的创业机会评价框架。

（一）行业和市场

评价指标：①市场可以带来持续收入；②顾客可以接受产品或服务，愿意为此付费；③产品的附加价值高；④产品对市场的影响力高；⑤将要开发的产品生命长久；⑥项目所在的行业是新兴行业，竞争不完善；⑦市场规模大，销售潜力达千万；⑧市场成长率在30%～50%甚至更高；⑨现有厂商的生产能力几乎完全饱和。

（二）经济因素

评价指标：①在五年内能占据市场的领导地位，达到20%以上；②拥有低成本的供货商，具有成本优势；③投资回报率在25%以上；④达到盈亏平衡点所需要的时间在1.5～2年；⑤盈亏平衡点不会逐渐提高；⑥项目对资金的要求不是很大，能够获得融资；⑦销售额的年增长率高于15%；⑧有良好的现金流量，能占到销售额的20%～30%以上；⑨能获得持久的毛利,毛利率要达到40%;⑩能获得持久的税后利润,税后利润率要超过10%；⑪资产集中程度低；⑫运营资金不多，需求量逐渐增加；⑬研究开发工作对资金的要求不高。

（三）收获条件

评价指标：①项目带来的附加价值具有较高的战略意义；②存在现有的或可预料的退出方式；③资本市场环境有利，可以实现资本的流动。

（四）竞争优势

评价指标：① 固定成本和可变成本低；② 对成本、价格和销售的控制较高；③ 已经获得或可以获得对专利所有权的保护；④ 竞争对手尚未觉醒，竞争较弱；⑤ 拥有专利或具有某种独占性；⑥ 拥有发展良好的网络关系，容易获得合同；⑦ 拥有杰出的关键人员和管理团队。

（五）管理团队

评价指标：① 创业者团队是一个优秀管理者的组合；② 行业和技术经验达到了本行业内的最高水平；③ 管理团队的正直廉洁程度能达到最高水准；④ 管理团队知道自己缺乏哪方面的知识。

（六）致命缺陷问题

评价指标：不存在任何致命缺陷问题。

（七）个人标准

评价指标：① 个人目标与创业活动相符合；② 创业者可以做到在有限的风险下实现成功；③ 创业者能接受薪水减少等损失；④ 创业者渴望进行创业者，而不只是为了赚大钱；⑤ 创业者可以承受适当的风险；⑥ 创业者在压力下状态依然良好。

（八）理想与现实的战略差异

评价指标：① 理想与现实情况相吻合；② 管理团队已经是最好的；③ 在客户服务管理方面有很好的服务理念；④ 所创办的事业顺应时代潮流；⑤ 所采取的技术具有突破性，不存在许多替代品或竞争对手；⑥ 具备灵活的适应能力，能快速地进行取舍；⑦ 始终在寻找新的机会；⑧ 定价与市场领先者几乎持平；⑨ 能够获得销售渠道，或已经拥有现成的网络；⑩ 能够允许失败。

系统评价类似于公司对某个项目展开可行性论证分析，但一定要注意创业活动不确定性强的特点，不必逐一参照评价标准进行对比评价，否则无形中会增加评价的难度，减少创业者承担风险的勇气。

五、市场测试机会价值

一个靠预测分析、调查论证得到的适合创业者自己创业的机会不一定能为顾客提供价值服务，更不能说可以创造出巨大的市场。提供有价值的服务和产品是创业活动得以存在的前提，不能简单地依赖询问调查，更不能仅依靠创业者美好的愿景。

对于大公司来说，可以借助自己雄厚的资金、人力、技术、信息等资源展开周密详细的市场调研和策划，采用现代化的设备和技术对调研的数据进行分析，进而制定详细的营销方案，并利用自己的雄厚资金对自己的创意进行宣传和推广。尽管如此，不少大公司还是谨慎地开展市场测试，采用试穿、试吃、试营业等方式收集顾客对产品或服务的反意见馈，观察真实顾客的行为，发现可能没有想到的问题，从而得到更加准确的数据，进而改进自己的产品或服务。例如雀巢咖啡等企业就是采用这种方式从而取得巨大成功的。对于创业者来说，往往容易犯一厢情愿的错误，自己认为好，顾客也认为好。市场测试是把产品或服务拿到真实的市场中进行检验，这与市场调查完全不同，消费者是否想购买与顾客实际是否购买，完全是两码事，因为这与消费者的购买欲望、购买力等因素有关系。所以，市场测试是一种特殊的市场调查，是创业者的必修课。

第四节 商业模式的开发

一、商业模式的定义和本质

在知识经济时代，商业模式的创新一直是创业者关注的焦点。简而言之，商业模式就是指一种能够为企业带来收益的模式。如何使企业持续获得利润？如何在瞬息万变的市场竞争中立于不败之地？这就是商业模式需要解决的问题。正如美国管理学大师彼得·德鲁克（Peter F.Drucker）所说："当今企业之间的竞争，不是产品之间的竞争，而是商业模式之间的竞争。"

早在20世纪90年代互联网兴起后，商业模式的概念就引起了实践和理论界的广泛关注。1998年，欧洲电子政府研究中心主任保罗·提姆斯认为商业模式包含三个方面：一是关于产品、服务和信息流的体系结构，包括对各种商业活动参与者和他们所扮演角色的描述；二是各种商业活动参与者潜在利益的描述；三是收入来源的描述。这是最早关于商业模式概念的研究，虽然逻辑上不是很严密，但是其重要意义在于，他指出了商业模式是一个复杂的包含多方面内容的复合概念。

麦克尔·拉帕对于商业模式的理解与实践比较一致，"商业模式就其最基本的意义而言，是指做生意的方法，是一个公司赖以生存的模式，一种能够为企业带来收益的模式"。他认为商业模式表明了公司如何通过明确自己在价值链中的位置，指导其如何赚钱。

在国内，埃森哲公司的王波、彭亚利则认为，对商业模式可以有两种理解：一是经营性商业模式，即企业的运营机制；二是战略性商业模式，指一个企业在动态的环境中怎样改变自身以达到持续盈利的目的。

当然，研究者从不同的角度对商业模式的定义还有很多种，但商业模式的本质显然根源于企业的本质。从企业和模式这两个核心概念出发，商业模式就是指企业在外部环境和内部资源的综合作用下，通过构建价值链为客户及其他利益相关者创造价值的方式。

【扩展阅读】
何谓商业模式

1. 谁付钱给你——客户。
2. 给客户什么好处——价值。
3. 如何让客户掏钱——营销。

4. 如何将价值送达到客户——渠道。
5. 你如何做——主要任务。
6. 你缺少什么——资源。
7. 谁能帮助你——合作伙伴。
8. 你有多少种赚钱方式——产品线。
9. 你需要花费多少才能赚到钱——成本结构。

从本质上看，商业模式是一个结构化的系统，它由不同部分组成，完整的商业模式体系包括定位、业务系统、关键资源能力、盈利模式、自由现金流结构和企业价值六个方面。这六个方面相互影响，构成有机的商业模式体系，为企业创造价值、传递价值和获取价值。也可以说，商业模式结构图（见图 4-2）告诉人们，企业是如何运转起来的，它反映的是企业的运行机制。

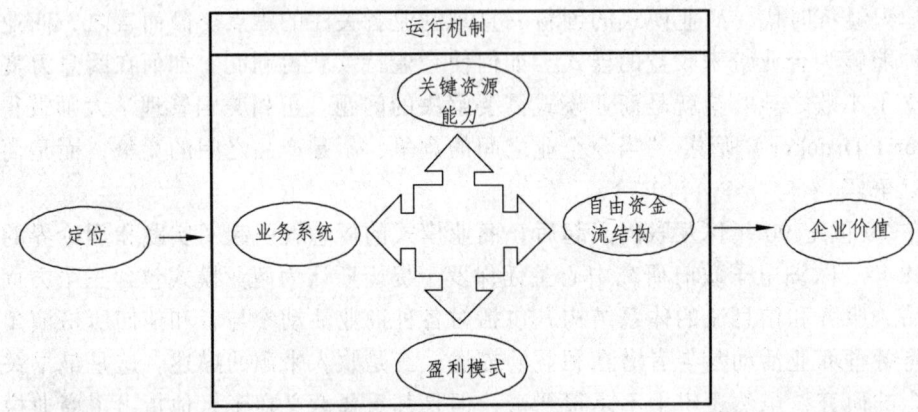

图 4-2　商业模式结构

商业模式与企业的商业活动直接相关，它依附于企业的组织平台之上，是对企业经营活动的一种整体的、逻辑性的概括。商业模式的目的在于满足客户的需求、实现客户价值的最大化，同时使企业形成持续盈利。可以说，任何一个商业模式都是一个由客户价值、企业资源和能力、盈利方式构成的三维立体模式。通俗来讲，一个好的商业模式需要满足以下三个条件：一是在理念、产品和服务上能为顾客提供独特价值；二是竞争对手难以模仿；三是具有实际操作性。在竞争激烈的知识经济时代，好的商业模式是企业发展的生命线。为了使企业获得长期的、持续的核心竞争优势，商业模式必须是一种基于企业内部制度结构和制度安排的动态连续性的经营模式，必须始终保持必要的灵活性和应变能力，即动态匹配的商业模式才能获得成功。

【拓展阅读】

电子商务的商务模式类型

电子商务企业的业务模式，较为一致的分类方法是根据企业和消费者作为划分标准，分别为企业对企业（B2B）、企业对消费者（B2C）和消费者对消费者（C2C）三种主要模式。

1. 企业与企业之间的电子商务（B2B）

企业与企业之间的电子商务指企业之间通过互联网或专用网方式进行电子商务活动，除了在线交易和产品展示，B2B 的业务更重要的意义在于，将企业内部网，通过 B2B 网站与客户紧密结合起来，通过网络的快速反应，为客户提供更好的服务，从而促进企业的发展。企业的电子商业也是电子商务三种主要模式中最值得关注和探讨的，因为它最具有发展潜力。

2. 企业与消费者之间的电子商务（B2C）

这种形式的电子商务一般以网络零售业为主，主要借助于互联网开展在线销售活动。一般是商家与顾客之间的商务活动，也就是通常所说的"购物网站"。企业、商家可充分利用电子商城提供的网络基础设施、支付平台、安全平台、管理平台等共享资源有效地、低成本地开展自己的商务活动，大大提高了交易效率，节省了不必要的开支。

3. 消费者与消费者之间的电子商务（C2C）

消费者与消费者之间的电子商务指个人与个人之间的电子商务。C2C 商务平台就是通过为买卖双方提供一个在线交易平台，使卖方可以主动提供商品上网拍卖，而买方可以自行选择商品进行竞价。其代表是 eBay、taobao 电子商务模式。目前，竞标拍卖已经成为决定稀有物价格最有效率的方法之一，举凡古董、名人物品、稀有邮票……只要需求面大于供给面的物品，就可以使用拍卖的模式决定最佳市场价格。打个比方，比如一个消费者有一台旧电脑，通过 C2C 网络平台进行交易，把它出售给另外一个消费者，此种交易类型就称为 C2C 电子商务。

二、商业模式和商业战略的关系

随着商业模式研究热潮的出现，关于商业模式和商业战略关系的讨论也逐渐引起大家的广泛关注。在实践中，由于商业模式和商业战略都关注企业的可持续发展和竞争优势，对于它们的定义、要素、本质、分类及评价方法等方面的界定和区别并不是很清楚，很多企业管理者也不太清楚商业模式和商业战略的关系。这将导致商业模式的理论研究很难深入下去，对实践中的指导作用也难以应用。因此，理清商业模式和商业战略的关系对于制定可持续发展战略至关重要。

一般而言，商业战略是指企业所采取的旨在达成一项或多项组织目标的行动，目的是为了实现企业的持续化经营和长远发展。商业模式作为企业的价值创造方式，是商业战略的实现形式。商业模式本身就是一个重要的商业战略，它包含在商业战略之中；商业战略是商业模式研究的主要理论基础，两者关系密切，相辅相成。对于一个企业而言，一个有生命力的商业模式建立在成功的商业战略之上，而成功的商业战略必然有成熟、创新的商业模式支撑。

在全球化、信息化的时代，商业模式和商业战略都非常重要，两者之间的交融关系决定了企业在制定战略的时候必然要考虑配套的商业模式，而创业者在设计商业模式时，也必然要考虑企业商业战略的目标和意图。

但是，两者也存在一定的区别。商业战略是面向未来的，是一个动态的过程；而商业模式是面向现在的,是一个静态的经营活动表现形式。例如,在创业初期,企业可能没有商业战略,但是肯定要有商业模式;在企业发展面临重大选择时,必然要制定短期、中期或长期的商业战略。一般来说,随着企业的不断发展,可能只存在一种商业模式,但是存在多个商业战略。

从关注的重点来看,商业战略更多地侧重于外部环境和竞争优势,而商业模式关注企业的内部结构和价值实现方式。商业战略要解决的就是通过分析外部竞争环境、评估不同的商业模式设计方案来确定适合企业发展的商业模式。而商业模式作为价值创造系统,侧重于利用独特、创新的经营模式为企业带来利润,它反映的是已经付诸实施的战略。

在实践中,企业要想实现自身的业务发展,就必须选择合适的商业模式。若商业模式建立在商业战略的基础上,将外部环境和内部环境的互补进行匹配,就会为企业创造价值、获得效益,使企业形成持续竞争优势。如沃尔玛、戴尔、阿里巴巴集团等成功企业就是在商业战略分析的基础上,结合自身经营活动的独特性,从而取得巨大的成功。可以说,商业模式和商业战略既彼此独立,又相互依存。

三、商业模式的逻辑

商业模式是一个企业创造价值的核心逻辑,主要表现在层层递进的三个方面,见图4-3。

价值发现 → 价值匹配 → 价值获取

图 4-3 商业模式逻辑

(一)价值发现

价值发现即明确价值创造的来源,它是创业机会识别的延伸。企业最终赢利与否取决于拥有的顾客,而创新性产品和技术只是创建企业的手段。创业者应该在识别创新产品和技术的基础上,进一步明确和细化顾客的价值所在,确定价值命题,是商业模式开发的关键。如果绕过价值发现环节,创业者就会陷入"只要我生产出产品,顾客就会购买"的错误逻辑,这也是许多初创企业失败的原因所在。

相反,许多人创业成功的原因就是在于发现了具有潜力的顾客需求。为了最大限度地开发和满足顾客的需求,往往改变了创新产品和技术的开发路线,而使其更加接近顾客的需求。例如,李彦宏开办的百度搜索网站,就是根据广大网民有搜索相关资料的需要而开发出搜索引擎,使百度公司成为中国最大的搜索引擎网站。

(二)价值匹配

明确合作伙伴,实现价值创造。一个企业不可能拥有满足顾客需要的所有资源和能力,新企业更是如此。即使新企业愿意去打造和构造需要的所有能力,但常常面临很大的成本和风险。因此,企业为了在机会窗口上获得先发优势,最大限度地控制机会开发的风险,几乎所有的新企业都与其他企业形成合作关系,以使其商业模式有效运行。在戴尔公司的案例中,与供应商、物流公司、顾客以及其他许多商业伙伴的合作,促使戴尔公司的商业模式得以形成。阿里巴巴公司旗下的淘宝网,与商家、顾客、物流公司、银行等展开合作,使网上购物这种商业模式得以成功。

(三)价值获取

制定竞争策略,占有创新价值。这是价值创造的目标,是新企业能够生存下来并获得竞争优势的关键,因此也是有效商业模式的核心逻辑之一。现实中,有许多企业是新技术或新产品的开拓者,但不一定是创新利益的获得者。其根本原因在于这些企业忽视了对创新价值的获取。

价值获取有两种途径:一是为新企业选择价值链中的核心角色,在价值链中,每项活动的增值是不一样的,只有哪家企业占据了增值空间较大的活动,就占有了整个价值链价值创造的较大比例;二是对自己的商业模式细节最大可能的保密,有效商业模式被他人模仿一定程度上会侵蚀企业已有的利润。因此,最大限度地保护自己的创业不泄露,就越能较长时间占有创新效益。比如,摩拜单车、ofo是较早入局共享单车的品牌,其他共享单车品牌紧随其后,这无疑是复制了摩拜单车的商业模式,分享了摩拜单车、ofo的创新价值。

总而言之,价值发现、价值匹配和价值获取是有效商业模式的三个逻辑性原则,在其开发过程中,每一项思维过程都不能忽视。新企业只有认真遵循这一原则,才能真正开发设计出为顾客、企业以及合作伙伴都能创造经济价值的商业模式。

四、商业模式的创新路径与方法

商业模式创新是为公司、客户和社会创新价值。市场竞争日趋激烈,对企业的经营提出了更大的挑战,全新的商业模式随着社会的发展会取代陈旧的商业模式。通俗地说,商业模式创新就是指企业以新的有效方式赚钱。在知识经济时代,企业之间的竞争实质上就是商业模式的竞争,亚马逊、苹果、惠普、沃尔玛等企业都是因为它们独特而又具有竞争力的商业模式才异军突起、独树一帜。据统计,在过去10年成功跻身于财富500强的27家企业中,有11家都是通过商业模式创新而取得成功的。

商业模式创新的路径、方法必须是可操作的,并且必须比竞争对手更有优势,能带来更多利润。商业模式建立在企业内部资源和外部环境上,因此没有一个商业模式可以一成不变,没有一个商业模式可以适用于任何企业。而优秀的企业正是审时度势,通过不断地调整商业模式才能获得持续不断的盈利。一般而言,商业模式的创新有以下几种:

(一)顾客价值创新

随着社会经济的发展,顾客需求也在不断发生变化,个性化、定制式、体验式需求的趋势越来越明显。那么企业要想在激烈的竞争中立于不败之地,就必须要从顾客角度入手,洞察目标顾客的需求,根据需求提出顾客的价值主张,通过合适的产品或服务来满足顾客。现实中,往往有很多企业在市场研究上投入了大量的精力,然而在设计产品、服务和商业模式上却忽略了顾客的观点。商业模式设计应该避免这个错误,需要依靠对客户的深入理解来进行创新,包括洞察环境、日常事务、客户关心的焦点及愿望等方面。

顾客价值的创新包括两个方面:一是要注意发现潜在的顾客;二是发现顾客的潜在需求。企业在创业初期,创业团队就应该清楚所需要满足的客户细分群体的特征,并围绕他们的特征来进一步设计商业模式,进而满足他们的潜在需求,占领市场。"宜家家居"在顾客价值方面可以说是做到了极致,它解决了顾客与商家信息不对称的问题,让市场更加透明,用心感受顾客的需求,不仅种类繁多,价格适中,它的用户体验甚至超越了顾客的想象,床可以随便躺、随意拍照,儿童游乐园免费,甚至还有1元钱的甜筒。这些细节都是宜家在对顾客的价值挖掘方面所做的努力,通过这些开放的手段,宜家积累了大量的用户。宜家的魅力和人气值得所有的家具商场来反思。

(二)收入模式创新

收入模式是指企业通过何种商业模式取得收入,一般而言,收入模式的创新包括三方面:一是指收入的介质,即企业通过什么产品或服务获得收入;二是交易的方式,即企业通过什么样的方法或渠道来获得收入;三是计费的方法,即企业如何对收入介质定价。企业可以通过灵活地改变收入模式中的相关要素来获得利润,如麦当劳公司就是改变收入的介质,和同行业竞争者形成差异,进而获取巨大利润的。它表面看来是卖汉堡包的快餐连锁企业,但它的企业本质、核心价值却是房地产。据资料表明,麦当劳的近万家餐馆中,有60%的房地产权属于麦当劳总部,另外40%是由总部出面向当地房地产主承租的。由此,房地产收入成为麦当劳的主要收入。麦当劳收入的1/3来自直营店,其余来自加盟店,其中,房地产收入占这部分收入的90%。

交易方式创新方面,戴尔的直销方式简化途径、突破传统,选择直接面对客户,减少了仓储面积并杜绝了呆账,没有经销商和相应的库存带来的额外成本,因而可以保障公司及客户利益,加快了成长的步伐。

在计费方法创新方面,选择不同的计费单位,通过捆绑定价、分期付款折扣等形式来获得收入。例如,百度的"竞价排名"商业模式优势非常明显,它依据客户购买的关健字,将客户的广告页面放在搜索库里,在普通用户查询该关键词就能将不同客户的广告链接以不同的顺序在搜索结果页面中显示出来,将搜索引擎变成企业推广的利器,给百度公司带来了高额的利润。

(三)技术模式创新

在知识经济社会,创新是企业的生命力,技术模式的创新更是企业发展不可或缺的。每一次技术变革都给人类社会带来一次惊喜,每一次创新都给企业的商业模式创新带来革命性的影响。目前,很多企业利用互联网进行商业模式创新,包括电子商务与无线网络结合发展、企业电子商务平台垂直发展、线上线下畅通的电子商务发展、搜索引擎与电子商务运营商间开展合作等模式,阿里巴巴、亚马逊、京东商城、当当等都是典型的利用互联网创新获得巨大收益的公司。显然,技术创新的最终目的是为了盈利,因此企业在进行技术模式的创新时一定要注意风险防范,企业必须强化市场调研及预测等市场营销管理活动,利用科学调研方法,准确测度营销环境,及时准确地切入市场。

一般而言，技术变革是商业模式创新的最主要驱动力，当今最具潜力的技术 3D 打印机和云计算，如果一旦成熟并商业化，这将能提供诸多崭新的用户价值，从而为企业提供商业模式创新的契机。

（四）产业模式创新

在知识经济时代，随着市场竞争的进一步加剧，企业之间的竞争呈现白热化的状态，由此也使一些企业不得不进行商业创新，开拓新的产业领域来不断更新产品或服务，为顾客带来更多的价值。

应该说，商业模式创新本来就是一种变革，必然带来某种程度的振荡。产业模式创新可以说是商业模式创新中最为激进的一种方式，因为它要求企业重新定义本产品，进入或者创造一个新的产业。如20世纪80年代的美国在受到日本产业全方位的冲击后，正是通过产业模式创新来延续其在90年代的繁荣。

经济全球化为很多企业的转型创造了无数机会，同时也必然造就新的商业模式。也可以说，产业模式创新已经成为当今世界各国迎接知识挑战、走向经济全球化的必由之路。例如，亚马逊公司将正在进行的商业模式创新向产业链后方延伸，为各类商业用户提供如物流和信息技术管理的商务运作支持服务，并向他们开放自身的20个全球货物配发中心，并大力进入云计算领域，成为提供相关平台、软件和服务的领袖。再比如以前做电池的比亚迪公司，于2003年进军汽车行业，实现企业的战略转移，在中国汽车行业呈现爆发式增长的时期中获得了巨大的成功。

应该注意的是，没有一成不变的商业模式，因为市场环境瞬息万变，竞争日趋激烈，要想在市场占据一席之地，必然要求企业多在自身的经营方式、用户需求、产业特征及宏观技术环境等方面具有深刻的理解力和洞察力，不断对自身的商业模式进行系统的思考，采用合适的创新途径来调整商业模式，以便获得持续的竞争优势。

五、商业模式设计

（一）商业模式设计的关键因素

长期从事商业模式研究和咨询的埃森哲公司认为，商业模式的开发至少要满足两个条件：必须是一个整体，有一定结构，而不仅仅是一个单一的组成因素；组成部分之间必须有内在联系，并把各部分有机地关联起来，使他们互相支持，共同作用，形成一个良性循环。商业模式涉及三方面的基本问题：价值发现、价值获取和价值传递。可以把商业模式分为九个关键因素：客户细分、价值主张、渠道通路、客户关系、收入来源、核心资源、关键业务、重要伙伴、成本结构。参考这九大要素就能描绘出你的商业模式。

商业模式实际上是一种包含了一系列要素及其关系的概念性工具。下面分别对商业模式涉及的九个要素进行说明和分类：

1. 客户细分

在客户细分时创业者需要回答两个问题：我们在为谁创造价值？谁是我们最重要的客户？

客户细分的类型：① 大众市场；② 利基市场；③ 区隔化市场；④ 多元化市场；⑤ 多边平台或多变市场。

2. 价值主张

创业者要对自己的项目问：我们该向顾客传递什么样的价值？我们正在帮助我们的顾客解决哪一类难题？我们正在满足哪些客户需求？我们正在提供给客户细分群体哪些系列的产品和服务？

价值主张的内容包括：① 新颖；② 性能；③ 定制化；④ 把事情做好；⑤ 设计；⑥ 品牌/身份地位；⑦ 价格；⑧ 成本削减；⑨ 风险抑制；⑩ 可达性；⑪ 便利性/可用性。

3. 渠道通路

创业者通过哪些渠道可以接触到我们的客户细分群体？我们如何接触他们？我们的渠道如何整合？哪些渠道最有效？哪些渠道成本效益最好？如何把我们的渠道与客户的例行程序进行整合？

接触客户的渠道有：① 自有渠道；② 合作伙伴渠道；③ 混合式。

4. 客户关系

创业者要了解每个客户细分群体希望我们与之建立和保持何种关系？哪些关系我们已经建立了？这些关系成本如何？如何把他们与商业模式的其余部分进行整合？

客户关系的类型：① 个人助理；② 自助服务；③ 专用个人助理；④ 自助化服务；⑤ 社区；⑥ 共同创作。

5. 收入来源

创业者要知道什么样的价值能让客户愿意付费？他们现在付费买什么？他们是如何支付费用的？他们更愿意如何支付费用？每个人收入来源占总收入的比例是多少？

收入来源的类型：① 资产销售；② 使用收费；③ 订阅收费；④ 租赁收费；⑤ 授权收费；⑥ 经济收费；⑦ 广告收费。

6. 核心资源

创业者解决我们的价值主张需要什么样的核心资源？我们的渠道通路需要什么样的核心资源？我们的客户关系需要什么样的核心资源？我们的收入来源需要什么样的核心资源？

核心资源的类型：① 实体资产；② 知识（无形）资产；③ 人力资源；④ 金融资产。

7. 关键业务

我们的价值主张需要哪些关键业务？我们的渠道通路需要哪些关键业务？我们的客户关系需要哪些关键业务？我们的收入来源需要哪些关键业务？

关键业务的类型：① 制造产品；② 平台/网络；③ 问题解决。

8. 重要伙伴

谁是我们的重要伙伴？谁是我们的重要供应商？我们正在从伙伴那里获取哪些核心资源？合作伙伴都执行哪些关键业务？

重要合作的类型：① 在非竞争者之间的战略联盟关系；② 在竞争者之间的战略联盟关系；③ 为开发新业务而构建的合资关系；④ 为确保可靠供应的购买方—供应商的关系。

9. 成本结构

什么是我们商业模式最重要的固有成本？哪些核心资源花费最多？哪些关键业务花费最多？

成本结构类型：① 成本驱动；② 价值驱动。

任何的商业模式都是以上九个要素按照不同逻辑关系的排列组合而已，个人的偏好、兴趣点、风险喜好和视角不一样，各个要素添加的内容也不一样，于是就有了不同的商业模式。当然，商业模式不是企业的全部，它只是描述企业的各个部分是怎么组成一个系统的。由于企业迟早会遇到自己的竞争对手，所以商业模式应当把"竞争"这一要素纳入其中，以求比对手做得更好。企业拥有一个好的商业模式并不意味着一劳永逸、万事大吉，它只不过是创业成功的一部分而已。

（二）商业模式设计

通过了解商业模式的关键要素后，就需要设计商业模式。每位创业者都希望自己设计出一套全新、独有的商业模式能够颠覆产业内现有的企业，从而获得自己在行业内的竞争优势。但是，创新商业模式设计是一件非常困难的事情，很多企业通过模仿和改进现有的商业模式取得了巨大的成功，包括阿里巴巴、百度、腾讯、美团等。即使自己设计了一套全新的商业模式，也会被其他企业迅速模仿并与你展开竞争。因此，在竞争中设计商业模式则显得极为重要。

1. 在模仿中设计商业模式

模仿其他企业的商业模式归纳起来有全盘复制和借鉴提升两类。

（1）全盘复制。

全盘复制商业模式相对来说比较简单，经常是别人怎么做我也怎么做，别人做这个来钱我也做这个，有点像我们常说的"跟风"。我们可以对优秀企业的商业模式进行直接复制，把别人的全盘变为我所有，当然也要根据自己的实际情况做适当的修改。全盘复制适合行业内的企业，特别是属于同一类型、同一细分市场或生产相同产品的企业，当然也包括直接竞争对手之间的商业模式的相互复制，如快餐麦当劳和肯德基、辣椒酱老干妈和老干爹、电商亚马逊和当当网、共享单车摩拜和ofo等。

全盘复制优秀企业的商业模式要注意的是：一是要快速捕捉商业模式的信息，并快速复制，谁先复制就可能具备先发优势；二是主要是进行细节调整，复制不等于照搬，需要针对细分市场和企业实际情况进行调整。

（2）借鉴提升。

① 引用创新点。通过学习和借鉴优秀的商业模式，对核心内容和创新概念进行适当提炼和筛选，通过对创新点进行学习消化，对照自己企业的相关内容在商业模式上存在的不足，如果创新点比自己企业现有的商业模式的相关内容更加符合企业发展的需要，企业就应该结合自己的实际情况予以引用并发挥价值。引用创新点学习优秀商业模式的方法

适用范围最为广泛，不同行业、不同竞争定位的企业都适用。例如，百度公司最初是向门户网站提供搜索技术并收取服务费，后来引用国外的商业模式将竞价排名作为主要盈利模式之一。

引用商业模式中的赢利模式对企业效益的提升比较明显，但是产品模式、运营模式、业务模式的应用也可为企业带来明显的价值，并提升企业的核心竞争力和支撑赢利模式实施的能力，所以企业也需不断加强对产品模式、运营模式、业务模式的学习和优化。

② 延伸扩展。通过学习最新的商业模式，寻找这种商业模式的企业所在行业及细分市场，通过专业分析和查找这一行业的不同细分市场是否存在空白，然后把商业模式的应用范围扩展到其他细分市场中去。这种学习方法的优点是，借助商业模式的研究，寻找尚未开发的其他有效细分市场，并有机会构建先发优势，且使用也更为广泛，并适用于行业内所有企业。例如，电子商务 B2B 商业模式通过扩展延伸进入 B2C、C2C 等其他细分市场。

延伸扩展具有两个难点：一是在于对细分市场的寻找和分析，如何找到尚未开发的细分市场；二是如何根据细分市场的特点做出有针对性的调整和优化。

③ 逆向思维。通过对行业领导者商业模式或行业内主流商业模式的研究学习，模仿者有意识实施反向学习，反向设计商业模式，直接切割对市场领导者或行业内主流商业模式不满意的市场份额，并为他们打造相匹配的商业模式。例如，微软是通过提供产品和技术来赚钱的，微软的竞争对手谷歌、中国 360 采用相反的商业模式，实施开源软件，为消费者免费使用软件打造的另一种商业模式。

采用逆向思维的方式学习商业模式时有三个关键点：一是找到行业领导者或行业主流商业模式的核心点，据此制定逆向商业模式；二是企业在选择逆向制定商业模式时不能简单追求反向，需确保能够为消费者提供更大的价值，并能够塑造新的商业模式；三是防范行业领导者的报复行动，评估领导者可能的反制举措，并制定相应的对策。

2. 在竞争中设计商业模式

企业通过商业模式开展竞争的方式有以下三种：

（1）强化自身的良性循环。

企业可以通过调整商业模式来打造新的关键要素之间的良性循环，从而使自己更具勇气与对手展开竞争。这些循环常常会强化商业模式中的其他循环。例如，空客与波音公司相比，空客的商业模式一直处于劣势，因为波音公司长期在大型商用客机处于垄断地位，在 2007 年后，空客公司开发了空客 380，在大型商用客机市场挑战波音 747 的垄断地位，同时还巩固了空客在中、小型机型领域的良性循环。对波音公司的良性循环进行了遏制，改变了空客相对波音的劣势地位。

（2）削弱竞争对手的循环。

一项新技术或新产品能否颠覆行业规则，不仅仅取决于该技术的内在优势，也取决于它与其他竞争对手之间的互动。按理来说，Linux 比 Windows 创造的价值大，但微软通过与代工厂的合作关系，在台式机和手提电脑上预装 Windows 操作系统，从而对 Linux 的客户扩展形成阻止，成功遏制了 Linux 的良性循环。

（3）变竞争为互补。

拥有不同商业模式的竞争对手也可以成为价值创造的合作伙伴。线上电商 B2C 模式极大地方便了顾客对商品选择，这对传统的实体店无非会造成很大的影响。线上电商虽然具有价格低、便利性等优势，但线下的实体店可以为顾客提供试穿、触摸质感等体验，这是线上电商无法做到的。如果某一品牌为顾客在实体店提供试穿、售后服务，然后线上下单的交易模式，这无非会促进线上、线下的良性循环，扩展了该品牌的销量和增加了顾客的忠诚度，竞争对手也渐渐越来越包容对方的存在。

3. 在试错中调整商业模式

一个成功的商业模式，并不是按照预先设定的要素就能顺顺利利完成的。在实际运作过程中会遇到很多与原先计划不相符的情况，对创业者来说，就应该有能力对实施中出现的异常进行调整，甚至全面的调整，使商业模式行得通。如果没有达到预期的目标，就应该重新检验商业模式。

本章小结

创业机会无处不在，创业者要有足够的创业警觉性，把一个好的创意变成一个具有商业价值的创业机会，创业机会是否具有价值需要对其进行可行性评价，学会利用新的技术手段和营销理念设计出具有竞争力的商业模式。

本章主要知识点：创意、创业、创业警觉性、创业机会、机会评价、商业模式、商业模式设计。

复习与思考

1. 创业机会的特征和类型有哪些？
2. 创业机会的来源是什么？
3. 识别创业机会受哪些因素影响？
4. 创业机会识别的步骤是什么？
5. 如何系统地评价创业机会？
6. 商业模式创新路径与方法有哪些？
7. 影响商业模式设计的关键因素有哪些？
8. 如何理解商业模式和管理模式？
9. 利用相关资料，查找并分析我国创业者利用互联网创业成功的例子，分析其创业机会的来源和性质？
10. 以小组的形式，查找创新工厂、飞马旅、优米网、一号店、凡客诚品等相关资料，讨论剖析其商业模式？

第五章 创业资源

【学习目标】

了解创业过程中所需的一般资源类型,掌握创业资源开发的原则及其整合的路径,能够利用创业资源开发、整合与管理的相关理论解决简单的资源整合问题。

导读

有个富家子弟特别爱吃饺子,每天都要吃。但他又特别挑,只吃馅,两头的皮尖尖就丢到后面的小河去。好景不长,在他十六岁那年,一把大火烧了他的全家,父母急怒中相继病逝。这下他身无分文,又不好意思去要饭。邻居家大嫂非常好,每餐给他吃一碗面糊糊。他发奋读书,三年后考取官位回来,一定要感谢这位邻居大嫂。大嫂对他讲:不要感谢我。我没有给你什么,都是我收集的当年你丢的饺子皮尖,晒干后装了好几麻袋,本来是想备不时之需的。正好你有需要,就又还给你了。大官思考良久,良久……

有一个有名的三八理论:八小时睡觉,八小时工作,这个人人都一样。人与人之间的不同,在于业余时间怎么渡过。时间是最有情也最无情的东西,每人拥有的都一样,非常公平。但拥有资源的人不一定成功,善用资源的人才会成功。白天图生存,晚上求发展,这是 21 世纪对人才的要求。

第一节 创业资源概述

一、创业资源的含义

资源是创业活动展开的必备条件,是决定企业生存与发展的关键因素。从经济学的角度看,资源是投入到生产活动中并能够创造价值的要素;基于组织战略的视角,则认为资源指为实现组织愿景而运用的所有有形资源和无形资源;从管理学的视角上看,资源是指基于信息与知识的各种生产要素。一般来说,资源包括原材料、厂房等有形资源,同时还包括技术专利等无形资源。基于各种角度对资源内涵的理解,创业领域内的研究者对创业资源进行了不同的解释和界定。

创业过程中投入的各类有形与无形资产,是国外创业研究领域内较早对创业资源做出的界定,在前人的基础上,将无形资源细化为技能与和资产两种形态。随着创业资源理论的发展,学界重新界定了创业资源的范畴,认为所有创业企业在创业活动中投入的要素和要素组合均属于创业资源。国内学者林强(2005)认为,创业资源是能够促进企业生存和稳定发展，企业控制或可支配的所有要素和要素组合，包括技术、专利、知识能力、组织属性等。刘霞（2010）认为，创业资源不仅能通过合理利用创造效益、形成企业竞争能力，还是创业企业战略制定和创业机会抓取的基础，是企业投入到创业过程中的各类资产、能力、信息与知识的统称。余绍忠（2013）提出，创业资源是可以促进企业生存和发展、实现组织战略目标与愿景，为企业所拥有或能够控制的各类要素和要素组合。

综上所述，我们认为创业资源是指企业创立以及发展过程中所需要的各种生产要素和必备条件。创业本身就是多种资源的重新整合，简单说来，创业资源就是创业者在创业初期所需要具备的一些特定资产，包括有形资产和无形资产。

【扩展阅读】

创业资源与一般商业资源的区别

创业资源与一般商业资源既有相同点，也有一定的区别。

创业资源是商业资源，但不是所有的商业资源都是创业资源，因为只有创业者可以利用的资源才是创业资源。例如，一座无人开采的价值巨大的矿山是一种商业资源，但该矿山不一定是创业资源，因为创业活动多数具有轻资产、小团队的特征，创业者一般没有能力通过开发一座价值连城的矿山而开始创业。

创业资源更多地表现为无形资源，一般商业资源则更多地表现为有形资源。创业资源的独特性更强，创业者的个人能力和社会网络资源是其中最为关键的因素；在一般商业资源中，规范的管理和制度则是企业取得成功的基础资源。

二、创业资源的类型

（一）人力资源

人力资源在创业中占有非常重要的地位，是企业的核心资源。在创业初期，相对于其他创业资源，人力资源是核心，也是实现企业可持续发展的关键资源，具有时效性、再生性、社会性的特点。

人才资源指企业在生产、销售、物流、财务、管理等环节中素质层次较高的那一部分人所拥有的资源。在知识经济时代，人才资源是企业的核心，是企业可持续经营的关键资源。人才既可以通过外部招募获得，也可以通过内部筛选与培养获得。在现代企业可持续发展中，高素质人才的获取和开发是关键，对于一些技术含量高的新兴产业或高科技的创业企业，因为知识与技术在竞争中起着决定性作用，所以人才资源往往更为重要。

（二）财物资源

新企业要想正常运行，最根本的保证就是财务资源。资金资源是企业运营所需要的资金支持状况。开发新的产品、产品的营销以及市场推广活动需要充足的资金支持，并需要完备的财务预算。在创业之初，几乎所有的企业都面临着资金匮乏这个难题。大学生读书期间几乎没有任何收入来源，虽然有些学生利用业余时间在外兼职赚取收入，但对于创立企业来说则远远不足。当然，资金来源的渠道也比较多样化。

物质资源是指企业的有形资产，包括厂房、软硬件设备、原材料等。除了某些稀缺产品，物质资源的缺乏一般可以通过资金来解决。

（三）技术资源

技术资源在创业有着十分突出的地位。企业的技术水平往往对企业整体的各种资源配置的方式起根本性的和决定性的作用。也就是说，有什么样的技术，才可能有什么样的企业。企业的技术水平不仅仅取决于企业自身的技术实力，也取决于企业所处环境的总体技术资源的丰裕程度和配置水平。由于中小企业自身的技术实力有限，所以中小企业在发展壮大的过程中无疑需要更多地汲取和依赖所处经济环境的技术资源对企业内外的技术资源进行一体化的研究。

（四）信息资源

信息是由信息源发出的被使用者接受和理解的各种信号，表现为消息、情报、指令、数据或信号等。信息能成为资源，主要因为它在生产过程中作为生产要素。信息资源可以从两个方面来理解：一种是信息本身，另一种是信息和信息的收集、加工整理、存贮、处理、传递、利用相关的技术设施、资金和人等与信息活动过程相关的各种资源。创业中的信息资源是指与创业相关的信息及与信息活动过程相关的各种资源，如技术设施、资金和人等。由此看来，创业信息资源主要由两大部分构成。

1. 与创业紧密相关的信息

从创业的一般过程来看，一个创业者的创业想法首先就是要发现、评估新的市场机会；接下来就要准备并撰写创业计划；然后确定并获取创业所需资源；最后是创办并管理初创企业。在创业中的每一个阶段，创业者都需要大量的信息，才能将创办企业的想法发展为一个新创企业并有效运作。这些信息表现为经济、政治、文化、科技、法律等宏观信息，它是创业的宏观环境信息。此外，这些信息还包括资本市场、产品市场、技术市场、劳动力市场、金融市场、客户需求、政府及社会团体价值趋向等微观创业环境信息；包括决策信息、预测信息、统计信息、行为信息、控制信息、反馈信息、销售信息、市场信息、商品信息、计划信息、管理信息、经济信息等商务活动信息。

2. 与创业相关的信息服务设施、机构及人

创业需要大量信息，信息获取需要渠道，这些渠道所涉及的各种相关资源也是信息资源的重要组成部分。没有这些相应的资源的保障，信息的搜集、整理、传播和应用都将受到严重的影响，所以如邮政、电报、电话、广播网络、数据库服务、专门知识咨询、图书馆、互联网设施、金融服务系统、报刊零售渠道、电子软件、安全保障服务体系、电视系统等也是必不可少的信息资源。而且由于这些系统是信息流动必须依赖的资源，所以实际上我们讲投资和开发信息资源时往往指的就是这些资源。

（五）社会资源

社会资源也叫社会资本，即创业者所拥有的各种社会关系，包括整个创业团队的社会关系。大学生的社会关系网络相对较弱，大学生在校期间与社会的联系较少，企业与政府

的社会资源较为匮乏。因此，他们在创业之初主要依靠亲戚、朋友以及学校的支持，社会资源形式比较单一。

【课堂讨论】

如果你打算创业，有哪些创业资源可供利用？你还需要获取哪些资源，才能为以后的创业做好准备？

第二节　创业资源开发

一、创业资源开发的含义

对初创企业而言，对资源的开发与运用决定企业的战略导向。在企业进入成长与成熟期后，资源结构影响企业的市场地位与长期的发展模式。因此，企业需将资源的开发与整合置于发展的、动态的市场环境中进行系统分析。Brush（1997）以动态的思维考察创业资源开发活动，在对处于不同生命周期的企业资源实力对比分析的基础上，总结出影响企业竞争力的核心资源。Brush，Greene 和 Hart（2001）进一步探究核心资源结构，指出企业资源在转变为企业优势能力时需经历积聚、吸引、整合、转化等四步骤。Lichtenstein（2001）对资源进行动态研究，分析了资源转化为能力的过程。学者总结出初始阶段企业的战略性资源，从识别资源到运用资源的整体链条出发，揭示核心资源与企业绩效的关联。由此可知，创业企业资源开发就是指资源识别、资源获取、资源整合和资源利用四个过程。

识别创业资源是企业开发资源的前提，可以为创业资源获取与整合的后续工作奠定基础。从目前学者的相关观点来看，他们都认为识别初始资源是一种战略选择，并将影响企业的后续战略。资源的种类与数量是创业企业迅速进入成长阶段，维持后续发展的不竭动力。整合资源，就是在获取资源之后将其丰富化与细致化，升级并转化为企业的各项竞争力与优势。资源利用过程指将经过识别、获取、整合后的资源通过企业的生产与运营活动为企业贡献利润，同时为顾客提供价值的过程。

二、创业资源开发的目的

一般来说，创业不是创业者能够控制多少资源，而是一个创造或抓住机会并把握机会的过程。一次成功的创业起源于发现良好的创业机会，结束于新创企业的蓬勃发展并走向成熟。俗话说，"巧妇难为无米之炊"，创业者能否开发出创业中所需的资源，决定了创业者能否把握住创业机会。技术、市场及政策等信息是创业者正确决策的信息依据，是适时调整创业思路的基础。在变幻莫测的市场经济中，如不能及时地得到与创业有关的信息，创业者必然会"瞎子摸象"，困难重重。同时，如果各种来源的信息离散度大、层次浅，难以保证技术经济信息的完整性、准确性、及时性和有效性，这无疑会影响创业企业的决策，甚至关系到创业企业的成败。

三、创业资源开发的原则

（一）市场导向

事实上，无论新创企业从事技术创业，还是服务创业，归根结底都需要终端客户来选择，需要市场来检验。创业的主意再好，公司的产品再好，提供的服务再好，如果没有市场需求，没有客户购买，或者得不到大多数消费者的认可，最终免不了都会失败。大学生创业者刚开始都面临这样的问题，他们在创业之前需要以下的市场信息：谁是潜在的顾客？顾客将如何评价他们所提供的产品或服务？在产生企业想法时就要考虑到市场机会与威胁、顾客目前及未来需求。其实在整个企业经营管理中，对顾客和竞争者信息的搜集整理，就是为了把握顾客的未来需求，所以创业者必须分析竞争者的动向，了解行业竞争状况以及影响行业发展的各种宏观因素等。因此，创业资源开发必须要以市场为导向，市场导向是以市场情报的产生、散播和响应为主线的。市场情报是市场导向的起始点，其产生依赖于各种机制，如顾客调研、与顾客讨论、销售报告分析、正式的市场研究等。市场情报的沟通和传播对于企业的市场导向最为关键，因为它提供了所有部门行动一致的共同基础。在市场情报充分沟通和传递的基础上，企业对市场情报做出相应的反应，这种反应表现为选择正确的目标市场，设计、生产、促销和分销能满足顾客现有及未来需要的产品。

（二）创新性

创业者识别和获取创业资源之后，并不能保证新企业一定会存活，创业者必须对创业资源进行开发，挖掘其潜在价值，这样才能发挥出资源的最大效用。

初创企业，财与物都很匮乏甚至没有，唯一的资源就是创业者自身，所以创业者就是唯一可被开发的资源，要充分挖掘创业者自身的潜力，激发出潜能，通过创业者的智力和体力劳动，实现原始积累。赚取财与物这一过程中，创业者的体力劳动不是决定因素，包括智商和情商的智力更重要，通过正确的决策判断和坚强的毅力，创业者可以事半功倍，达成财富的快速原始积累。再加上一套好的机制，便能使人的潜力被充分地挖掘出来。人的努力可极大地弥补实物的不足，使其收获更好的效果；人才可以促使更多的财、物等资源通过良性循环进入企业。

开发社会资源中最重要的客户资源，明确了客户在哪里，如何获取客户名单，下一步开发客户资源时就需要其接触客户，建立关系，进而获得订单，化无形为有形。又如，开发政策资源，由于政策五花八门，哪些政策对企业有价值，企业就要理清头绪找出关键，抓住政策机会，化无序为有序。

（三）自有开发与外部开发相结合

创业资源开发不外乎有两个：一个是自有资源，另一个是外部资源。自有资源是来自内部的机会积累，如自有资金、技术、创业机会信息，即自己能够控制的物质资源，甚至在有的时候，创业者所发现的创业机会就是其所拥有的唯一创业资源。

1. 外部资源

外部资源可以包括如朋友、亲戚、商务伙伴或其他投资者、投资人资金，或者包括借到的人、空间、设备或其他原材料,或通过提供未来服务、机会等换取到的,有些还可能是社会团体或政府资助的管理帮助计划。外部资源更多的来自于外部机会发现,而外部机会发现在创业初期有着决定性作用。创业者在开始创业的初期,面临的一个重要问题即资源不足和资源供给。一方面,企业的创新和成长必须消耗大量资源;另一方面,企业自身还很弱小,无法实现资源自我积累和增值。所以,企业只有识别机会,从外部获取到充足的创业资源,才能实现快速成长,这也是创业资源有别于一般企业资源的独特之处。对创业者来说,运用外部资源,是一种非常重要的方法,在企业的创立和早期成长阶段尤其如此。其中关键是具有资源的使用权并能控制或影响资源部署。

2. 内部资源

自有资源的拥有状况将在很大程度上影响甚至决定我们获取外部资源的结果。"打铁还要自身硬",立志创业者首先致力于扩大、提升自有资源。自有资源的拥有状况(特别是技术和人力资源)可以帮助我们获得和运用外部资源。

四、创业资源开发的路径

创业者在获取企业资源之后,如何有效地配置使用资源,使其为企业创造最大的价值,是创业资源开发所要解决的问题。创业资源总体上可分为内部资源和外部资源两种。两类资源性质不同,有效配置使用的开发路径也有所不同。

(一)开发技术资源的途径

获取起步项目所依赖的技术途径方式有如下四种:

(1)吸引技术持有者加入创业团队。

(2)购买他人的成熟技术,并进行技术市场寿命分析等。

(3)购买他人的前景型技术,再通过后续的完善开发,使之达到商业化要求。

(4)自己研发,但这种方式需要时间长,耗资大。我们应该随时关注各高校实验室、老师或者学生的研发成果,定期去国家专利局查阅各种申请专利,养成及时关注科技信息,浏览各种科技报道,留意科技成果,从中发现具有巨大商机技术的习惯。政府机构、同行创业者或同行企业、专业信息机构、图书馆、大学研究机构、新闻媒体、会议及互联网等,都是我们获取这些信息的渠道,可以根据自己的实际情况与各种方式的特点,选择一种或多种方式,尽可能地获取有效的信息。

(二)开发营销网络的途径

营销网络将帮助新创企业的产品或者服务走向市场,换回用户的"货币选票"。一般情况下,新创企业可通过以下途径拥有未来的营销网络。

(1)借用他人已有的营销网络,使用公共流通渠道。

(2)自建的营销网络与借用他人营销网络相结合,扬长避短,使营销网络更适合新创企业的要求。

（三）开发外部资金资源的途径

对于外部资金的获取，一般可通过以下五种途径获得：

（1）依靠亲朋好友筹集资金，双方形成债权债务关系。

（2）抵押、银行贷款或企业贷款。

（3）争取政府某个计划的资金支持。

（4）所有权融资，包括吸引新的拥有资金的创业同盟者加入创业团队，吸引现有企业以股东身份向新企业投资、参与创业活动，以及吸引企业孵化器或创业投资者的股权资金投入等。

（5）拟一个详尽可行的创业计划，以吸引一些大学生创业基金甚至风险投资基金的目光。在获取外部资源之前，记住一个企业家曾经说过的一段话："创业首先要用自己的钱干起来，你自己的钱不先投进去，凭什么让别人为你投钱？"

【课堂讨论】

你和两个好友用三人的全部积蓄创建了一家创业企业，并且企业的发展也比较平稳，具有一定的发展前景。经过了一年多的经营之后，由于销售货款积压以及一些没有预料到的后继投资的出现，企业在资金的周转上出现困难。在这种情况下，你将如何利用企业内外部的有效资源来解决这一问题。

第三节 创业资源整合

一、创业资源整合的含义

资源就是指对于某一主体具有支持作用的各种要素的总和。而对于创业者来说，只要是对其创业项目和创业企业的发展有所帮助的要素，都可以归入创业资源的范畴。创业资源当中最基本的资源是人员、资金和创业项目，除此之外还包含诸如技术支持、销售渠道、咨询机构、潜在顾客甚至政府机构在内的各种各样的内容。

创业资源整合就是指有效利用各种创业资源的过程，并且这一过程应当具备两个基本特点：尽量多的发现有利的创业资源；以效率最高的方式来配置、开发和使用这些创业资源。

【扩展阅读】

向赵本山学习资源整合

提起赵本山本人，以及《马大帅》《刘老根》《乡村爱情》等影视制作基地——本山传媒集团，想必无人不知，无人不晓。借助赵本山个人的影响力，从"刘老根大舞台"到收视率颇高的《明星转起来》《本山快乐营》等电视节目中不难看出，无数个本山传媒的弟子轮回登台亮相，给观众带去笑声与欢乐的同时，也为企业增加了不菲的收入。小品王赵本山将这些弟子在不同时期统一收编，整编成了一个强大的艺术团队，以集团化企业运作模式进行统筹管理。在各类艺人陆续加入本山传媒后，依托本山传媒平台，他们走上了电视，走进了剧组，走进了春晚，走向了全国，走进了观众的心灵世界。

本山传媒共赢的资源整合理念基于三点：

（1）赵本山凭借个人品牌资源广收门徒，给徒弟们提供平台，师徒共同将一块蛋糕做大，人人受益，共赢未来。

（2）众人拾柴火焰高，一个人前进一百步永远比不上一百个人共同前进一步。有了品牌和优质核心资源，企业才能着眼于长远发展。名利双收之外，淳朴的民间艺术与文化也由此走向了世界。

（3）资源整合造就了一个民族品牌的诞生，赵本山的资源整合也让潜在的竞争对手（被整合的民间艺人与演员）与自己共同发展，共事而无忧。随着知识经济的发展，资源整合越来越成为企业经营中提升核心竞争力的关键。它不仅是系统论的思维方式，还是优化配置的重要决策。如何让资源整合的各方都满意，其资源整合的关键在互补，核心在共赢。

在资源整合过程中，最忌单方追求利益最大化，必须设计出共同获利的盈利模式。这个获利预期不一定都是经济利益，而是各方不同利益追求的综合平衡。实现资源整合的关键要点：① 识别利益相关者及其利益；② 构建共赢机制；③ 维持信任长期合作。

二、创业资源整合的重要性

从一定意义上来说，创业就是一个整合资源的过程。只有有效整合和管理创业资源，大学生创业才有可能取得成功。有效的资源整合有利于创业者明确企业资源需求情况，制定切实可行的战略规划，为新创企业的成长打下坚实的基础，也有利于让创业者对企业未来的变化趋势进行正确预测，从而有效地识别和配置潜在资源，保持和促进企业健康发展。此外，资源整合和管理的过程也是对大学生创业能力进行培养和锻炼的过程，因此积极进行资源整合还可以提高创业者的素质和能力，进而提高大学生的创业成功率。

大学生创业资源整合的基本方法就是要优化资源配置，理智筛选、取舍、管理，从而获得部分乃至整体的资源优化。资源是整个创业活动的主线，大学生创业成功与否的关键就是是否能有效的整合资源。在创业中，大学生要根据不同的创业过程和环节，运用不同的整合方法进行资源整合。

三、创业资源整合的原则

（一）利益相关者最大化

基本上，我们所发掘和应用的每一种创业资源实际上都是一个相对独立的利益体。因此在开发和使用这些资源的时候，就不能仅仅从创业企业的自身利益出发，而必须坚持双赢的原则。尤其是需要长期使用的创业资源，更要重视对方的既得利益。

（二）共　　赢

资源通常与利益相关，创业者之所以能够从家庭成员那里获得支持，就因为家庭成员之间不仅是利益相关者，更是利益整体。既然资源与利益相关，创业者在整合资源时，就一定要设计好有助于资源整合的利益机制，借助利益机制把包括潜在的和非直接的资源提供者整合起来，借力发展。因此，整合资源需要关注有利益关系的组织或个人，要尽可能多地找到利益相关者。同时，分析清楚这些组织或个体和自己以及自己想做的事情有利益关系，利益关系越强、越直接，整合到资源的可能性就越大，这是资源整合的基本前提。

利益相关者之间的利益关系有时是直接的，有时是间接的，有时是显性的，有时是隐形的，有时甚至还需要在没有的情况下创造出来。另外，有利益关系也并不意味着能够实现资源整合，还需要找到或发展共同的利益，或者说利益共同点。为此，识别到利益相关者后，逐一认真分析每一个利益相关者所关注的利益非常重要，多数情况下，将相对弱的利益关系变强，更有利于资源整合。

然而，有了共同的利益或利益共同点，并不意味着就可以顺利实现资源整合。资源整合是多方面的合作，切实的合作需要有各方面利益真正能够实现的预期加以保证，这就要求寻找和设计出多方共赢的机制。对于在长期合作中获益、彼此建立起信任关系的合作，双赢和共赢的机制已经形成，进一步的合作并不是很难。但对于首次合作，建立共赢机制尤其需要智慧，要让对方看到潜在的收益，为了获取收益而愿意投入资源。因此，创业者在设计共赢机制时，既要帮助对方扩大收益，也要帮助对方降低风险，降低风险本身也是扩大收益。在此基础上，还需要考虑如何建立稳定的信任关系，并加以维护、管理。

（三）创新性

人才是创新之源，是企业最核心的竞争力，现代企业的竞争，归根结底是人才的竞争。当前许多企业正处在发展变革的重要关头，要想在激烈的市场竞争中取胜，就必须提升人力资源的价值。但要吸引、留住人才，也并非易事，必须在尊重人才的价值上下工夫。一是用好人才，按照人才的才能和特长，安排适当的领导岗位、聘任技术职务，使人才有价值"认可感"和"信任感"；二是给任务、压担子，让人才攻关键、解难题，使人才有"成就感"；三是表彰奖励有重大贡献的人才，使人才有"光荣感"；四是待遇从优，使人才有"幸福感""满足感"。对中小企业而言，人才是可遇而不可求的。社会上的人才有很多，但适合公司发展的并不多。因此选择任用人才的关键在于用那些有潜力并且有强烈事业心、对公司事业有认同感的人才。中小企业整合人才资源最后落实在了培养人才方面，同时要千方百计地留住公司的骨干人才。人才资源整合的另一条途径是充分利用"外脑"，如科研院所、大专院校等。

整合资产资源，不仅仅是解决"钱"的问题，更重要的是看战略投资者还能为企业带来什么其他的资源，如政府背景、行业背景、市场影响力、营销支撑等，亦即整合资产资源时要充分考虑资产资源能否带来更多的其他资源。但最为关键的是，选择的战略投资者要与企业当前阶段的发展目标相吻合。资本市场保证了企业股权的流动性，为企业资源整合提供了便利的通道。在资本市场中，资源的优化配置是通过股权的交换来实现的。由于资本市场的每一个参与者都希望自己所拥有的资源价值最大化，因此通过反复的交易，可以使其资源得到充分的利用，其价值得到充分的体现，进而达到资源的价值最大化。

在创业初期，创业技术是最关键的资源，它是决定所需创业资本的大小、创业产品的市场竞争力和获利能力的根本因素。技术资源的主要来源是人才资源，重视技术资源的整合同时也就是注重人才资源的整合。技术资源的整合,不仅要整合、积聚企业内部的技术资源,还要整合外部的可利用的技术资源。整合技术资源只是起点,技术资源整合是为了技术的不断创新,自主研发并拥有自主知识产权,保持技术的领先,占领市场,壮大企业。

当今社会的飞速发展给创业者提出了一个新的信息时代的视角,信息资源对很多创业者来说就是成功的机遇,而机遇瞬间即逝,要善于整合把握。创业企业信息化的最高层次是决策,它具有前瞻性。企业在做决策时,关心的问题来自包括竞争对手、政府、行业、合作伙伴、客户等在内的周边环境的变化。在应对变化的预测、分析的基础上做出尽可能合理的决策,这个层次上的企业信息化通常针对创业以及高层管理所遇到的问题。对创业者而言,信息是不对称的,了解分析包括竞争对手、政府、行业、合作伙伴、客户等在内的周边环境的变化信息,我们才能做到"知己知彼,百战不殆",才能做到"有的放矢",集中精力财力人力抓住转瞬即逝的成功机遇。

掌握并充分整合创业的政府资源、享受政府扶持政策,可使你在创业时少走许多弯路,达到事半功倍的效果。创业的扶持政策主要包括财政政策、税收政策、科技政策、产业政策、金融政策、人才政策等。

(四)沟通原则

一般来说,正向资源转化为负面资源,或者负面资源产生不好的作用,往往都有一个过程,同时也会表现出某些特征或征兆。只要信息畅通、善于观察,才能够及早发现问题,防微杜渐。因此对创业者来说,经常关注自己的创业伙伴、优秀的员工、关键原材料的供应商、销售商等对创业企业发展至关重要的外部因素是十分必要的。

四、创业资源整合的方式

企业是一个有机体,企业内部和外部资源始终是动态变化的,企业内外部各种资源如何协调一致地发挥作用,企业如何与外部环境合作,这需要创业企业培育自己的资源整合能力。

(一)寻找式资源整合

大学生创业存在许多共性问题,管理经验不足、市场狭窄、创业资源匮乏。大学生创业之初,创业所需资源主要依靠自身的努力来获取,但是仅仅依靠从自己身边获取的创业资源很难维持企业的发展,要想使企业继续发展,就不得不从外界寻找创业资源。寻找式资源整合主要是结合自身创业团队的资源情况,分析资源储备存在的不足,提出整合外界资源的方案,进行积极地寻找和整合所能利用的创业资源。这就要求创业者具备较强的预见力和洞察力。较强的预见能力可以让创业者准确地把握自己所在行业的发展热点和竞争焦点,洞察力是一种从不同类型的信息中获得知识的能力,只有拥有较强的预见能力和洞察能力才能在诸多的资源中获得对自己创业有所帮助的资源。

(二)累积式资源整合

创业中期,企业得到了一定的发展,也积累了一些企业赖以生存发展的创业资源。这段时期,企业正处于发展关键期,创业资源需要不断累积和增加。这需要创业者掌握累积式的资源整合方法。为了使已获得的创业资源发挥其最大的效能,创业者必须在初创企业的发展过程中,进一步了解创业资源的特征,以便于更好地整合利用。也就是说,为了有效利用已获得的创业资源,对其进行分析、归类。只有对已有的资源进行准确的分析定位,才能在此基础上进行进一步的整合利用,才能发挥资源的最大效能,不断提高企业的核心竞争力。

(三) 开拓式资源整合

企业取得初步发展之后,创业者要想使企业继续快速发展,那就必须采用开拓式创业资源整合。开拓式创业资源整合强调创新能力,当今社会的竞争,与其说是人才的竞争,不如说是人的创造力的竞争。创新是一个企业发展的动力和灵魂,没有创新的企业是很难成长和发展的。开拓式创业资源整合要求我们要不断地把创新式思维注入其中,用创新的视角去寻找具有创新点的创业资源。继续寻找企业的新的增长点,在新的增长点上充分开拓和整合利用资源,这一点对创业基础较为薄弱的大学生创业者来说尤为重要。

【拓展阅读】

在天津生活的人都知道国际商场。国际商场是天津第一家上市公司,20世纪80年代初期开业,定位于引进国外最好的商品,让改革初期急于了解国外又无法出国的人了解外国。准确而新颖的定位使国际商场开业后很红火。

国际商场紧邻南京路,南京路是一条十分繁忙的主干道,道路对面就是滨江道繁华的商业街。国际商场刚开业时,门口并没有过街天桥,行人穿越南京路不方便,也不安全。修建天桥是很正常的事情,估计经过那里的人都会自然地想到这一点。但是,绝大多数人都会觉得这个天桥应该由政府来修建,所以也就是想想、发发牢骚就过去了。

有一天,一位年轻人同样产生了这样的想法,他没有认为这是政府该干的事,而是立即去找政府商量,提出自己出钱修建过街天桥,而且不说是自己建的,希望政府批准,但前提是在修建好的天桥上挂广告牌。不花钱还让老百姓高兴,而且天桥也不注明谁出资修建,政府觉得不错,就同意了。这个年轻人拿到政府的批文,从政府出来后立即找可口可乐这些著名的大公司洽谈广告业务,在这么繁华的街道上立广告牌,当然是件好事。

就这样,这位年轻人从大公司那里拿到了广告的订金,用这笔钱修建了天桥,还略有剩余。天桥建好了,广告也挂上了,年轻人从大公司那里拿到余款,这就是他创业的第一桶金。

第四节 创业资源管理

一、创业资源整合的有效性概述

资源是进行创业的基础条件,任何项目的进行都离不开资源。创业资源包括生产力的各种要素,是创造价值和使用价值的前提。但是有这些要素还不够,还要通过合理的配置,才能最大限度地发挥创业资源的效用。

资源并不是在任何时候都是有效的。资源是否有效受工作性质和组织方式等因素的制约。从人力资源来看，对于工作量大、自动化程度低的环节，所需的人力资源也较少。这样，从以上各种工作交织在一起构成的项目管理全过程来看，对人力资源的要求绝对不是恒定不变的，而是经常会出现大幅度的变化。

创业本身的条件限制也是影响资源有效性的一个因素，协调不好会影响资源效用的发挥。创业各环节的衔接也是产生无效资源的常见原因。如按照计划要求，某一资源已准备就绪等待实施，但由于它的另外一个工作发生耽搁，不能如期完成，这样就会使配置与该环节的资源产生一定程度的无效性。

对资源有效性的分析，给创业者提出了一个重要的课题，即如何进行组织分配才能充分发挥资源的效用，如何配置资源才能使无效资源降低到最低限度。实际上，创业者在制订创业计划时，不论是创业资源安排进度如何，都离不开对资源有效性的分析。通过分析，为有效利用资源提供最佳的方案，为全面进行资源均衡提供依据。

二、创业资源整合的有效性评估

在美国企业界，有一句名言得到沟通成功创业者的认同："一个人能否成功，不在于你知道什么，而是在于你认识谁。"在当前多元化的经济时代里，资源已成为成功创业的支持体系，如何有效整合这些资源，并为创业服务。当然这些资源的有效性都有各自的评估指标。

（一）社会资源整合有效性评估

社会资源很大程度上体现为人脉资源，其整合的原则是双赢，让他人快乐的同时也让自己获益。想要整合健康的人脉资源，就要以自身的人格魅力来积累。因此，创业者自身的素质、人格、品质很重要。那么，人脉资源整合的有效性主要表现在以下几个方面：

1. 长效性

人脉不是随随便便就能呼之而来的，如同地基之于高楼，只有平时注重积累才能积攒更多的资源。反过来说，如果事到临头了才想起去找人的话，一般情况下是不会有成效。因此，平时要多花精力和时间，为将来可能的人脉需求做好准备，这是一种长期投资。

2. 拓展性

拓展性也即人脉资源的延伸性，也就是通过合作、交流、关心、帮助、友情、亲情等，对人脉资源进行维护和拓展，这与我们维护和保养器械是一个道理。适当的润滑不仅可以延长使用寿命，还能提高使用的效率。如果这一资源一次性使用，往后也不再维护，其实是无效的。因此，经常维护人脉资源，不仅能使情意加固还能开拓新的人脉关系。所以人脉资源需要经常性维护，在维护中可以不断地发展新的人脉关系。

3. 有限性

在创业团队成员里，可能有的成员认识很多人，但真正帮得上忙的也许就几个。这就是人脉资源的有限性。这不是说要停止拓展人脉的步伐，而是要从客观上不断去探寻新的关系。这就要求要有知人识人的洞察力,防止人情泛滥成灾,反之就是人脉资源的无效性。

(二)人才资源整合有效性评估

人才资源的稀缺性及其在企业中有效运行的特殊性,决定着企业持续发展的进程,要求人才资源整合必须以人才资源作用发挥的程度为标准。因此,人才资源整合有效性主要体现在:要建立健全完善的激励体系,充分发挥员工的潜能;定期培训员工,提升员工技能和素养;尊重员工善待员工,将心比心。

(三)信息资源整合有效性评估

当前已经进入大数据时代,信息资源极其重要。对于不少初期创业者来说,信息资源就是机遇。因为只有在最有效的时间内才能获得最有效的信息和抓住机遇,这对企业来说是至关重要,不是所有的信息都对企业有用。所以整合信息资源为企业服务,前提是所整合的这些信息资源必须是有效的。首先,信息是否经过分析。创业过程也是信息整合过程,但是信息往往是不对称的。特别是初创企业,是否充分了解分析包括竞争对手、政府、行业、合作伙伴、客户等在内的周边环境的变化信息,我们才能做到"知己知彼,百战不殆"。其次,是否进行信息资源规划。信息资源规划是指通过健立建全企业的信息资源管理基础标准,根据需求分析建立集成化信息系统的功能模型、数据模型和系统体系结构模型。最后,再实施通信计算机网络工程、数据库工程和应用软件工程的一个系统化的企业信息化解决方案,以使企业高质量、高效率地建立高水平的现代信息网络,实现信息化建设的跨越。

(四)技术资源整合有效性评估

在创业初期,创业技术是很关键的资源。创业企业成功的关键是寻找成功的创业技术。一个成功的企业确实离不开技术资源整合,那么其有效性主要表现在三个方面:一是创业技术是否使企业具有市场竞争力和获利能力。二是创业技术的核心程度,决定了所需创业资本的大小。对于在技术上创新的创业企业来说,创业资本只有保持较小的规模便可维持企业的正常运营。三是从创业阶段来说,由于企业规模较小,因此管理及对人才的需求度不像成长期那样高,创业者的企业家意识和素质是创业阶段最关键的创业管理资源。

三、创业资源的动态融合

创业资源在整合资源之前大多是零碎的、散乱的,要想发挥其最大效用,首先就必须运用科学方法对各种类型的资源进行细化、配置和激活,将有效的资源有机融合起来,使之具有较强的系统性和价值性。进行创业资源配置的目的是使各类资源相互融合,从而提高创业绩效。其次是利用资源优势来赢得市场。资源在经过整合并转化为企业内部的独特优势后,创业者需要协调各种资源之间的关系,匹配有用的资源、剥离无用的资源。在这个过程中,需要融合创建企业所需的资源。

（一）资源扫描

在进行资源融合之前，创业者要清楚创业团队资源整合能力以及企业拥有的最初资源。同时，在所拥有的创业资源里，明确战略性资源和一般性资源。之后就要分析所拥有的创业资源的数量、质量、可利用程度。那么如何做到所拥有的创业资源的动态融合，主要有两种方式：其一是自下而上，是指具有基本的创业计划，计划内容具体而详备。据此，创业者进行资源扫描，以便把资源整合在一起创造价值。其二是自上而下，是指创业者首先勾勒出组织愿景以及怎样实现这一愿景，而后向下扫描自身已有资源和环境中提供的所需资源。

（二）资源控制

创业资源从控制主体划分，主要有自有资源和外部资源。自有资源存在于创业者和创业团队之中。其中，团队成员中的社会资源和技术资源对企业的成功举足轻重。外部资源的获取方式有购买和并购两种。要想提高创业绩效，创业者需要尽可能地利用手头资源和自身能力去获取并控制那些尚无法得到的资源。联盟或加盟是个不错的选择。资源联盟是指通过联合其他组织，对一些难以或无法自行开发的资源进行共同开发。

（三）资源拓展

在没有对资源进行整合之前，创业资源彼此是孤立存在的，对资源的拓展过程是将这些创业资源建立联系，不仅整合了已有资源，还将新获取的资源与已有的资源进行整合，是在协调资源的基础上，进一步开发潜在资源为企业所用。对资源的开拓能创造财富。拓展资源是在资源价值的基础上，进一步扫描自有资源和外部资源，开拓资源的范围和功能，为下一步的识别、获取、配置和利用奠定基础。这也是企业持续竞争优势的来源。

总之，这三个过程既有各自功能又存在联系。资源扫描是初创企业必须运用的创业资源融合，资源控制阶段则是创业者根据原有计划和上下阶段的扫描结果，梳理已有资源，获取可以利用的资源，控制尚不能拥有的资源。这些都为资源的配置和利用奠定了基础。在资源配置的过程当中，一个必须注意的问题是避免资源沉淀。进行资源配置时，要按需分配，即将资源放到企业最需要的位置上。如企业最需要购置新机器扩大生产，但若将资金投入办公场所扩建上则是资源的浪费。

本章小结

巧妇难为无米炊，在创业的过程中如果没有社会资本、资全、技术及专业人才，创业也无法进行。因此，只有在创业过程中掌握资源和资源获取方法，获取之后还要进一步学习开发与整合，只有这样才能够实现资源的倍增效应，取得创业的成功。

本章主要知识点：创业、资源整合、资源发开、整合有效性、创业成功率、资源融合。

复习与思考

1. 什么是创业资源？创业资源有哪些类型？
2. 创业资源与一般商业资源有哪些异同？
3. 如何有效开发与整合现有创业资源，实现资源倍增效应？
4. 你觉得当前大学生创业最大的障碍是什么？
5. 你认为大学生创业成功率不高的主要原因是什么？

第六章 创业计划

【学习目标】

了解创业计划的内涵和作用,掌握创业计划的主要内容,能够初步按照创业计划书的基本要求撰写创业项目计划书。

导读

凡谋之道,周密为宝。

——《六韬》

宁可算了吃,不可吃了算。

——佚名

第一节 创业计划概述

一、创业计划的概念及作用

(一)创业计划的概念

创业计划,简单地说,是一份商业投资的可行性报告,是创业者或者有创业想法的人将创业的想法书面呈现的过程,在这一书面呈现中完整地反映了创业者对于创业中任何一个环节的构想与计划,从外部环境的全面调查到内部人员构成及结构、资金筹集与运用、利润分配的环节,故又称"创业计划书"。

(二)创业计划的作用

创业计划是创业者进行创业的整体构想,能够在一定程度上评估创业想法的可行性和可操作性,是创业行动的先导,对创业过程有一定的指导作用;同时,还能预测创业过程中可能遇到的问题并预备解决方案,指导整个创业行动。

此外,创业计划书是获取创业资源的有效工具,创业计划书可行与否直接关系到是否能够顺利获取创业资源。根据资源类型的不同,创业计划也有着不同的功能。

1. 针对资金资源的创业计划书

创业需要资金,融资是关键。投资者通过项目的创业计划书来判断该项目的市场潜力和项目成功的概率,并以此作为投资项目的依据。这类创业计划以投资者的需求为出发点,通过创业计划书向投资者展示创业项目的实施条件和创业团队的经营实力,以及未来创业项目的财务前景,从而打动投资人,获得创业的宝贵资金。

2. 针对政策资源的创业计划书

创业需要环境,政策支持是保障。当前,各级政府为创业者设计了各种各样的创业扶持基金和政策,而为了赢得相关部门的资金支持、场地支持和政策支持,书面的创业计划是需要提交的重要材料之一。这一类的创业计划书主要突出项目的社会效益与社会影响力,必须与政府相关政策导向相一致。

3. 针对客户资源的创业计划书

创业需要合作,客户资源是保证。创业不可避免地要接触到各类客户群体、原材料供应商、行业协会以及其他一些公共资源。在创业的过程中,有效的合作关系对创业者有非常重要的帮助。为了获得这些合作资源的支持,必要的时候,需要向合作伙伴提交创业计划,阐明自身的优劣势和双方合作的好处,指出合作关系可以实现共赢。

4. 针对创业团队的创业计划书

创业需要合力,团队是核心。当前是团队创业的时代,很难再靠单打独斗来获得成功。为了保证创业过程顺利进行,创业发起人需要展示创业项目现有资源和能力,以及项目未来的发展前景,从而吸引相关专业人才加盟进来。创业团队除了初始创业的合伙人,还包括创业项目中的核心骨干员工,它们作为一个创业团队,将一起经历市场风雨。

总之,创业计划一方面指导创业过程的开展,另一方面能够获取创业资源。一个创业者即使没有书面的计划书的呈现,至少要有一个完整的创业逻辑和系统的创业构想。

二、创业计划的内容

一份完整的创业计划书一般包括以下几个方面:项目概要;项目背景;核心产品及技术支撑;市场分析;营销策略;公司管理(公司战略、团队、人力资源、生产组织、采购供应等);项目筹资分析;投资分析;财务分析;风险分析;风险资本的退出和附录。

(一)项目概要

项目概要是整个项目的概述和浓缩,涵盖了计划书的关键内容,描述言简意赅、思路清晰、逻辑性强,能让读者在短时间内了解项目内容,明白项目主要是做什么的。在概要中应该大致介绍公司的性质、经营的核心产品、市场定位、分析核心竞争力、估算投资收益率,展现公司愿景并阐述公司发展战略。字数不宜过多,能够用最短的文字抓住投资者的心理或投资需求。

(二)项目背景

项目背景主要指结合创业核心产品或服务阐述此创业项目开展面临的环境,包括政策环境、市场环境、竞争者环境、供应商环境、金融环境等。评价所选行业的基本特征,描述该行业的现状及存在的问题、行业竞争状况，该行业的发展方向，我国发展该行业的政策导向。其具体包括：① 市场结构分析；② 行业性质分析；③ 行业发展寿命周期分析；④ 行业稳定性分析及其他有关因素分析。

（三）核心产品及技术支撑

核心产品及技术支撑主要对核心产品或者技术做出详细的说明，要求简明扼要、通俗易懂，避免用专业术语，能够让非专业人员（投资者、其他行业的管理人等）也能看懂、听懂。

1. 产品技术类项目

此类项目一般从六个方面加以论述：① 产品技术的概念、性能、特性及应用领域，产品定位清晰；② 产品的核心技术及由来，技术的成熟度[处于研发阶段（样品、小试、中试）、工业化阶段还是商业化阶段]；③ 产品技术的先进性（在国内或国际处于先进、领先水平，创新性、唯一性、填补空白）；④ 产品技术的市场核心竞争力、竞争优势明显，在产业链上所处的位置等；⑤ 产品技术的市场前景；⑥ 产品技术的知识产权要清晰等。

2. 文化创意与服务咨询类项目

此类项目从四个方面阐述：① 对公司的服务性质、对象、特点、领域进行介绍；② 提供的服务满足了客户的什么需求？为被服务者创造了什么价值？③ 你的服务具有什么独特性、创新性？市场竞争力与核心竞争优势？服务目标的市场前景；④ 涉及知识产权的，如商标权、软件著作权等要清晰。

（四）市场分析

在充分了解创业环境和创业背景的前提下，需要进行市场定位和市场分析，创业需要选准客户群，并且将目标客户群进行细分，准确清晰地提供满足市场需求的产品；同时，目标市场的细分还有利于充分掌握与竞争对手的比较优势。创业项目若是围绕产品展开，首先应找到市场的切入点，市场进入门槛，市场特征分析、目标市场的规模（容量）、市场占有率、增长率；若属于文化创意与服务咨询类项目，除了上述内容，还需要着重描述公司的运营模式和盈利模式，需要具有创新性、独特性、竞争性及可行性，服务模式的定位，细分目标服务市场与目标服务客户的定位要准确清晰。

（五）营销策略

不同的产品技术（服务）针对不同的市场、不同的客户需要有不同的营销策略。根据对细分目标市场、客户群特征与竞争对手等因素的分析，在目标客户群确定之后，制定有针对性的营销策略。细分目标市场与细分客户群分析的越到位，市场切入点越清晰明朗，营销策略就越具有针对性。

传统的营销策略，就是4P营销组合策略，具体包括：

（1）产品策略，主要包括产品的实体、服务、品牌、包装。它是指企业提供给目标市场的货物、服务的集合，包括产品的效用、质量、外观、式样、品牌、包装和规格，还包括服务和保证等因素，新产品开发策略。

（2）价格策略，主要包括基本价格、折扣价格、付款时间、付款方式、借贷条件等。它是指企业出售产品所追求的经济回报。

（3）渠道策略，主要包括分销渠道、储存设施、运输设施、存货控制。它代表企业为使其产品进入和实现目标市场所组织、实施的各种活动，包括途径、环节、场所、仓储和运输等。

（4）促销策略，主要指企业利用各种信息载体与目标市场进行沟通的传播活动，包括广告宣传、人员推销、营业推广、公共关系、事件营销，等等。

但随着互联网的诞生与超速发展，适应互联网发展的营销策略与营销创意亦日新月异层出不穷，随之出现了新的营销模式：微博（微信）营销，如"品牌及产品曝光""微柜台，电子商务及售后管理""植入式营销"等。

（六）公司管理

此部分的撰写主要从以下四个方面展开：① 公司使命（宗旨、愿景）；② 公司总体战略，战略规划或战略目标及战略实施，公司核心竞争力的描述；③ 创业团队，专业知识、经历经验等优势互补型，分工合理，职责明确；④ 公司管理（根据公司战略、目标市场与营销计划）主要描述公司选址、人员组织架构、厂房设备安排、工艺流程与质量管理、生产计划（产能扩张）、人力资源、酬薪与激励、采供与物流、企业文化等。

（七）项目筹资分析

项目实施的整个过程必须有足够的资金支持，项目的筹备阶段、项目的采购阶段、项目的生产阶段、项目的销售阶段等都需要有强有力的资金保障。所以资金筹集的来源和渠道也是一个关键性的问题。资金以何种形式进行筹集，这直接关系到你所创办的企业的资本结构，总资产中自由资金和外来资金结构的掌控，通常情况下，如果预估企业盈利情况良好，我们可以选择负债大于所有者权益，但是假若预估的经营收益欠佳，需要谨慎选择，以免周转不灵，资不抵债。当然，我们可以选择以入股分红的形式筹集资金，既能拿到想要的资金，同时也可降低举债的风险。

（八）投资分析

① 注册资本、股权结构与规模（股东出资与比例），投资总额，资金来源与运用。② 投资假设。经营收入与成本预测，投资收益（回报）分析：项目敏感性分析，盈亏平衡分析，投资报酬率分析，投资回收周期分析，投资回报政策，等等。投资效益的动态分析：净现值法、内部报酬率法。

（九）财务分析

（1）主要财务假设及说明，主要财务报表：资产负债表、利润分配表、现金流量表及损益表。

（2）财务指标分析：预计营业收入（销售收入）及趋势分析、预计营业额（销售额）分析、杜邦财务分析体系、财务比率分析、分析结论。也可根据需要选择国家《企业财务通则》中为企业规定的三种财务指标里的部分指标来分析：① 偿债（短期）能力指标：包括资产负债率、流动比率、速动比率、现金流量比率；② 营运能力指标包括：应收账款周转率、存货周转率、流动资产周转率、固定资产周转率、总资产周转率；③ 盈利能力指标包括：资本金利润率、销售利税率（营业收入利税率）、成本费用利润率、资产报酬率、净资产报酬率、销售净利率、主营业务利润率。④ 发展能力指标包括：营业增长率、资本积累率、总资产增长率、固定资产成新率。

（十）风险分析

风险分析即对进入目标市场将面临的最主要风险与防范措施的描述。例如，市场风险、技术风险、管理风险、财务风险、政策风险、进出口汇兑的风险等。

（十一）风险资本的退出

风险资本的退出即退出的时间与方式，如注册资金里没有风险资本就无需描述。

风险资本退出的方式有以下几种：① 公开上市（创业板、中小板、主板），是指企业第一次向社会发行股票，是风险资本最主要、最理想的退出方式。通常有30%的创业资本采用以上退出方式。② 买壳上市或借壳上市，这是较高级形态的资本运营现象，对于因为不满足公开上市条件而不能通过公开上市方式顺利退出的资本是一种很好的选择。③ 兼并与收购（M&A）。④ 清算退出。不同退出方式适用于不同的情况，各有不同的优劣势，而无简单的优劣之分。

（十二）附　录

附件部分就是为创业计划书提供必备的补充资料，不必把所有的东西都放入附录，附录主要收集那些能真正增强正文说服力的资料。例如：① 专利证书；② 技术鉴定；③ 结题（项）报告；④ 查新报告；⑤ 市场实际调查结果；⑥ 荣誉证明；⑦ 已创业企业还需要工商注册、税务登记等相关材料；⑧ 表目录、图目录等；⑨ 国家、省竞赛规则里的具体要求，等等。

三、创业前的准备——信息搜集

有了好的创业想法并不代表可以直接开始创业，创业计划是否科学需要市场去验证，需要大量获取相关市场信息去逻辑推理计算相关数据统计指标。市场信息的搜集是非常重要的前提，所谓知己知彼，方可百战不殆。

信息搜集是信息利用的关键，它是指运用各种方式获取所需的信息。信息数据的来源可分为两类：原始信息和加工信息。原始信息是指在经济活动中直接产生或获取的数据、概念、知识、经验及总结，是未经加工的信息。加工信息则是对原始信息经过加工、分析、改编和重组而形成的具有新形式、新内容的信息。两类信息都对创业活动的顺利推进有着不可替代的作用。

（一）信息搜集的基本要求

1. 准确性

准确性要求信息真实可靠，实事求是，不弄虚作假。这是保证资料质量的首要环节，否则会影响创业计划的全盘活动。

信息的准确性不仅仅是一个技术性的问题,还是能否坚持原则、实事求是、求真务实反映情况的原则性的问题。

2. 完整性

完整性要求所搜集的信息资料涉及广泛,不重复、不遗漏,调查项目资料搜集齐全。只有广泛、全面地搜集信息,才能完整地反映管理活动和决策对象发展的全貌,为决策的科学性提供保障。当然,实际所搜集到的信息不可能做到绝对的全面完整,因此,如何在不完整、不完备的信息下做出科学的决策是一个值得探讨的问题。

3. 及时性

信息搜集需要具有时效性,按照规定的时间及时提供所需的数据,信息资料所代表的时间应是当期或近期,否则会影响创业者对于市场形势的判断,贻误创业的最佳时机。

(二)信息搜集的方式

在信息搜集之前要做出周密的计划,指导整个搜集过程顺利开展;设计相关的表格和信息提纲,为更好地获取有效信息;采用正确的信息搜集方式,提供所需要的信息。

信息搜集的方式多种多样,包括直接观察法、采访法、登记法、问卷调查法、互联网调查法、卫星遥感法、建立情报网、实验设计法等,最常用的有以下五种方式:

1. 直接观察法

直接观察法是指由调查人员深入到现场对调查对象进行观测和计量以取得资料的一种调查方法。如商品库存的盘点、粮食产量的实地测量等。此方法的优点是统计资料准确,但需要大量的人力、物力,使用受到一定程度的限制。

2. 采访法

采访法是根据被调查者的答复搜集统计资料的方法。这种方法可以分为口头询问法和被调查者填表法。

3. 问卷调查法

问卷调查法是为了特定的目的,以问卷形式发给被调查者,由被调查者自愿回答的一种采集资料的方法。从调查对象总体中随机或有意识地选择若干单位进行调查,要求在规定的时间内反馈相关信息。

4. 建立情报网

管理活动要求信息准确,全面、及时。为了达到这样的要求,靠单一渠道搜集信息是远远不够的。特别是行政管理和政府决策更是如此。因此必须靠多种途径搜集信息,即建立信息搜集的情报网。严格来讲,情报网络是指负责信息搜集、筛选、加工、传递和反馈的整个工作体系,而不仅仅指搜集本身。

5. 从相关文献获取资料

文献是前人留下的宝贵财富,是知识的集合体,在数量庞大、高度分散的文献中找到所需要的有价值的信息是情报检索所研究的内容。

（三）信息搜集范围

1. 内容范围

根据搜集信息的目标确定的搜集信息的范围以及与之相关的周边相关事物组成的范围。

2. 时间范围

时间范围一般由调查的目的决定，信息的所属时间应与信息搜集目标和需求具有一定的相关性或紧密的联系，通常要求调查信息具有时效性。

3. 空间范围

空间范围取决于调查的目的，信息所属的地域范围应与信息搜集目标和需求具有一定的相关性或紧密的联系，主要由信息的地域分布特征和信息搜集的相关性要求所决定。

四、创业计划书的基本结构

创业计划书通常有以下几部分构成：封面、企业概况（经营范围、企业形式、企业规模、企业创办过程、计划达到的目标）、创业者的个人简介、市场评估（目标客户的描述、市场容量、竞争对手分析）、市场营销策划、企业组织结构（公司名称、员工构成）、固定资产预测、营运资金预测、财务规划与利润分配、风险与风险管理等。

（一）封　面

封面的设计要求美观，具有艺术性，一个好的封面会使读者产生最初的好感，形成良好的第一印象。

（二）企业概况

企业概况主要介绍：① 企业的经营范围，企业主要经营何种产品或服务，以何种方式经营，主营还是兼营；② 企业的性质如何？个人独资企业、合伙企业、股份有限公司还是有限责任公司；③ 企业的预定规模有多大？面积多少？有多少员工？几间厂房？几台设备？几条生产线？④ 企业创办的背景及优势介绍；⑤ 企业预计达到的目标。

（三）创业者的个人简介

创业者的个人简介包括相关的就业、创业经验，相关的学习背景、培训背景、教育背景等。

（四）市场评估

1. 找准目标客户

对市场目标客户群体进行定位，并将客户群进行细分，细分可以按照消费的档次，也可以按照消费的偏好，或者可以按照居住的特点等，不同客户群体的营销手段和方式不同。

2. 市场容量预估

在了解市场需求基础上，充分调查市场同类产品竞争者，预测市场占有率，分析消费者消费需求的变化趋势、发挥品牌效应、树立良好的企业形象赢得市场，挖掘市场潜力。

3. 竞争对手分析

从成本、品牌、服务等方面分析比较企业自身与竞争对手的优劣势，取长补短。

(五) 市场营销策划

在创业计划书中，营销策略应包括以下内容：
(1) 市场机构和营销渠道的选择。
(2) 营销队伍和管理。
(3) 促销计划和广告策略。
(4) 价格决策 (4P理论)。

(六) 企业组织结构

(1) 确定企业的名称。
(2) 确定企业整体构架，包括哪些部门？每个部门下面有多少职员？
(3) 确定每个岗位的职责（股东、董事会、经理、出纳、会计、质检、库管、采购、营销、服务、维修等等）、人数及薪酬，如表6-1和图6-1所示。

表6-1 包头市某食业有限责任公司包子食品厂的组织结构

职务	职责	月薪（元/人）
一、管理层人员		
经理（1人）	负责包子楼的全面管理工作，制定企业目标并实施，监督目标的完成情况	600
前厅经理（1人）	负责餐厅及厨房的日常管理工作	330
营销主管（1人）	负责市场的开发和对营销人员的日常管理工作	330
二、员工		
统计员（1人）	负责企业日常各类报表的上报、下发	330
出 纳（1人）	负责日常流动现金的收付及管理工作	330
会 计（1人）	负责企业财务方面的管理及协调工作	330
质检员（1人）	负责整个生产过程的组织、监督、追踪工作	330
库管员（1人）	负责对库存物品的保管、盘活	330
采购员（1人）	保证企业所需物资的正常供应	330
营销员（35人）	保证按质按量完成目标工作	330
服务员（10人）	保证服务质量，向顾客提供优质、规范的服务	330
包子工（25人）	按规定的要求保质保量地完成目标工作	330
维修工（1人）	负责企业的日常维修工作	330

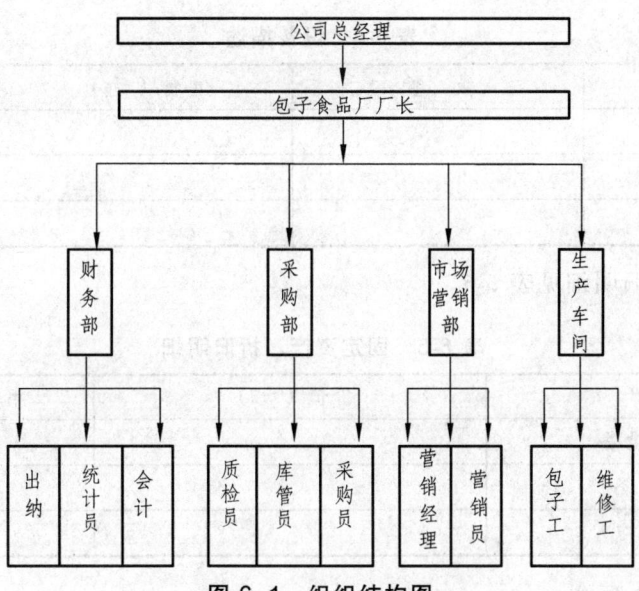

图 6-1 组织结构图

（七）固定资产预测

固定资产预测包括工具设备以及办公设备两部分进行预测。

1. 工具和设备

根据预测的销售量，假设企业达到100%的生产能力，企业需要购买的设备见表6-2和表6-3。

表 6-2 需购置的设备

设备描述	数量	单价（元）	总费用（元）
合　　计			

表 6-3 供应商信息

供应商名称	地址	电话或传真

注：供应商是本市各大、中型批发商。

2. 办公设备（见表6-4）

表6-4　设备描述

设备描述	数　量	单价（元）	总费用（元）
电话			
办公桌			
总　计			

固定资产、折旧明细见表6-5。

表6-5　固定资产、折旧明细

资　产	价值（元）	年折旧（元）
工具、设备		
办公设备		
总　计		

（八）营运资金预测

原材料/包装材料，见表6-6。

表6-6　材料描述

材料描述	数　量	单价（元）	每月总费用（元）

企业的其他物品：

根据企业营销的需要，需购置以下物品（见表6-7）。

表6-7　企业营销需购置的物品

描　述	数量	单价（元）	总费用（元）

其他经营费用（不包括折旧费和贷款利息）见表6-8。

表6-8 其他费用

其他费用	月费用（元）	说　明
业主工资		
员工工资		
租金		
电费		
水费		
燃煤		
包装费		
电话费		
维修费		
保险		
注册费及开办费		
业主工资		

（九）财务规划及利润分配

财务规划的重点是现金流量表、资产负债表、利润表以及损益表的制备。流动资金是企业的生命线，因此企业在初创或扩张时，对流动资金需要预先有周详的计划和过程的严格控制。

损益表反映的是企业的盈利状况，它是企业在一段时间运作后的经营结果。资产负债表则反映在某一时刻的企业状况，投资者可以用资产负债表中的数据得到的比率指标来衡量企业的经营状况以及可能的投资回报率。

同时，在企业成立之初，应该明确企业利润的分配方式，股东或投资人的分红比例和条件。

（十）风险与风险管理

（1）公司在市场、竞争和技术方面都有哪些基本的风险？
（2）你准备怎样应付这些风险？
（3）就你看来，你的公司还有一些什么样的附加机会？
（4）在你的资本基础上如何进行扩展？

（5）在最好和最坏情形下，你的五年计划表现如何？

大学生创业计划书中个人经验和曾经的成功比较有说服力。因为想让别人相信你，那么你就必须给别人一个充分的理由。

第二节　创业计划书的撰写

一、撰写创业计划书的原则

（一）逻辑清晰

经过市场调查取得的数据资料，真实可靠，可信度高，反映市场现状；有技术支持保证项目的可执行性；营销策略：可操作性；有特色和创意；风险评价：客观、可解决；撤出方式：可行。

（二）分析合理

市场调研和预测方法科学规范。财务效益可行性研究方法使用 NPV、IRR、PBP、弹性分析。

（三）文字通畅

表达顺畅，用词准确，做到通俗易懂、谨防语病。

（四）排版规范

从封页、标题（大、中、小）、正文、段落、引言、表格、公式、数字表示、参考资料等方面做到规范排版。

另外，大学生创业计划书撰写时还需注意：撰写一份优秀的创业计划书就如同讲故事。故事要讲得圆满、真实；对于产品类的项目一定要申请专利，至少拿到申请号，专利证书、项目鉴定证书、专家评价意见、投资意向书等要齐全；要了解国内同行及发展的水平；成本核算、财务评价要真实可信；报告和答辩过程中要有自信。

二、创业所面临的潜在的问题和困难

通常来说，创业项目筹备之前经常面临以下问题和困难，这些问题往往决定创业者的选择、创业路径及其成败。

（一）创　新

创业要尽可能立足于自主知识产权，以前中国对知识产权保护的国际承诺主要是通过参加知识产权保护组织及其国际公约，或以双边协定的形式约定，保护力度有限。加入世界贸易组织后，中国要参加《与贸易有关的知识产权保护协定》，中国的知识产权保护将受

到 WTO 争端解决机制的有力约束。这一点对于学生创业更显重要，有关专家指出，现在学生创业失败的多，一个重要原因就是忽视技术创新。学生创业一定要具备四个条件：其一有自主知识产权的创造发明；其二这一发明能转化为有市场前景的产品；其三这一产品要有预期的销路；其四要有可靠的资金提供者。有没有自主知识产权成为大学生创业能否成功的首要条件。

（二）知　识

许多创业者无法把自己的创意准确而清晰地表达出来，缺少个性化的信息传递，一些计划甚至是不知所云。在这种看似是语言表达能力的背后，反映的则是创业者缺乏对创业所需各种资源的准确理解，在这一点上，有着实战经验的企业人员要比在校学生强。落选的商业计划还普遍存在以下问题：不知道如何写商业计划书；对目标市场和竞争对手情况缺乏了解，分析时所采用的数据禁不起推敲，没有说服力；相当多的计划书价格取向不明确，没有指明计划会给用户和市场创造什么样的价值，或用户为什么会购买他们的产品和服务，以及企业将如何赢利和保证正常运营；一些计划书虽有很好的创业思路，但其可操作性却难禁推敲。这些无一不反映大学生创业知识的缺乏。

（三）资　金

"巧妇难为无米之炊"，没有资金，再好的创新技术也难以化为现实的生产力，"钱不是万能的，没钱是万万不能的"。对于学生创业，这同样是真理。创意是花朵，但资金是水分，吸引不到资金的创意终将老去。"与理念相悖的投资人合作将是痛苦的创业过程。"无疑，资金是学生创业要翻越的第一座大山。学生创业吸引投资存在三个误区。首先，急于得到资金，给小钱让大股份，贱卖技术或创意。有不少核心技术拥有者在公司运营一段时间后，对当初的投资协议深感不满并提出毁约。而这样做的后果只会是在资本市场上臭名昭著。其次，即便投资人不能提供增值性服务和指导，仍与其捆绑在一起。最后，对风险投资不负责任的使用，烧别人的钱圆自己的梦。每一轮融资中的投资者都将影响后续融资的可行性和价值评估。因此，对于尚处早期的创业公司来说，应引入一些真正有实力、能提供增值性服务、与创业者理念一致的投资者，哪怕这意味着暂时放弃一些眼前的利益。

（四）心　态

创业需要理智而不是冲动，创业需要冷静而不是狂热。现实中一些大学生对于创业如同"大跃进"似的，似乎只要开一个公司就会一蹴而就，就会财源滚滚。对行业缺乏深度审视，对社会和大众消费缺乏深刻了解，盲目创业，是学生创业的"通病"。"有创业热情是好事，但由于视野窄、理论性太强，导致不少原创缺乏可行性，经不起考验。学生不可过于自负，应当接受别人对其原创的打磨。"

（五）经　验

指点江山，激扬文字，大学生的理想与抱负是有的，但"眼高手低"，在创业过程中除了能"纸上谈兵"之外，对具体的市场开拓缺乏经验与相关的知识。经验不足，缺乏从职业角度整合资源、实行管理的能力,是大学生创业失败的一个重要原因。试想,风险投资人若不在创业初期引入职业经验人,创业或许永远就是学生的一个想法。风险投资商更看重能有效组织产业资源的创业团队,并不看好那些徒有想法的聪明个人。因为即便再天才的想法也还是具有可复制性的,而团队的整体实力是难于复制的。

三、创业总体构想

创业构想是创业计划形成的基础和前提,最终决定着创业活动的方向,甚至创业的命运。一般而言,创业构想应关注以下几个方面:

(一)初步构想,逐渐细化

一份好的创业计划书对有意创业者的重要性在于:它是创业者计划创立业务的书面概要,对业务发展有明确的界定,同时,它也是衡量业务进展情况的标准。一个酝酿中的项目,往往各方面都还不确定,创业者可以通过制订创业计划书,罗列出项目的优缺点,再逐条推敲,得到更清晰的认识。

当然,制订完整的具有指导意义创业计划书,创业者需要投入相当多的精力。那么如何着手制订创业计划书呢?相关创业指导专家指出,在初步构想之后,要逐渐细化。构想阶段的重点是关注与产品或服务有关的细节,如产品处于什么样的发展阶段?它的独特性何在?销售产品的途径?消费者群有哪些?生产成本和售价如何确定?企业发展新的现代化产品的计划是什么?如何把出资者拉到企业的产品或服务中来……以上种种,都是在计划书撰写之前应该详细考虑的。透过创业计划书的构思和细化,有意创业者就相当于提前在理论上把创业过程演练了一遍。

(二)市场调查,知己知彼

"没有调查就没有发言权",相关创业指导专家表示,制订创业计划书的第二步就是进行市场调查,了解行情。

创业者要细致分析经济、地理、职业以及心理等因素对消费者选择产品和服务时的影响。具体到进行市场调研的时候,调研者要同潜在顾客展开接触,搜集顾客购买此类产品的时间周期、谁在决定是否购买、如何防范别人模仿你的产品或服务、你的产品或服务凭什么吸引目标市场中的消费者,以便制定销售策略。

市场调查还包括对竞争对手的调查,如竞争对手都是谁?他们的产品与本企业的产品相比,有哪些相同点和不同点?竞争对手所采用的营销策略是什么?在调查阶段,创业者还必须做好财务分析。即要量化本公司的收入目标和公司战略,详细而精确地考虑实现目标所需的资金。

总之,创业计划书要说服阅读者,本企业不仅是行业中的有力竞争者,将来还可能会是确定行业标准的领先者。

(三)综合把握,通盘统筹

当以上两方面准备充分后,就可以着手撰写和修改创业计划书了。一份完整的计划书,在上述几项工作基础上,还要重点构思市场机遇与开发谋略、产品与服务构思、竞争优势、经营团队等。

据介绍,很多有意创业的大学生在撰写创业计划书的过程中,对具体的细节有很详细的描述,而忽视了综合性的把握。因此,在撰写的过程中,还必须通盘统筹,要回答好如下几个问题:你的创业计划书是否显示出你具有管理公司的经验?你的创业计划书是否显示你有能力偿还借款?你的创业计划书是否显示出你已进行过完整的市场分析?你的创业计划书是否容易被投资者所领会?

专家强调,一份好的创业计划书,是创业的理论演练,就好比首先把要创立的企业推销给创业者自己,既坚定了信心,也能发现不足之处,有助于"补课"。在这方面,有意创业的大学生是绝对不能偷懒的。

四、撰写创业计划书

(一)创业计划书的撰写技巧

创业计划书是什么?就是创业者对自己以后创业道路的一个预测、总结。撰写时需要注意的事情很多。

对于创业者来说,或许刚刚步入社会,对于社会上的事情了解不是很深入,所以一份创业计划书显得尤为重要。一个项目开始时,往往很模糊,通过制订创业计划书,把项目的可行性和风险都写下来。反复思考、推敲、考察会对项目有更深的认识,避免盲目性。

计划书不能纸上谈兵,创业者初入社会,思想活跃,有很多好的想法。但是这些好的想法一定要和社会接轨,才能转化成为真正可行的方案。这就需要创业者自己好好去了解行情,这时就需要一份计划书来帮助自己理清思路。

一个好的计划书必须写好以下几点内容:

(1)执行总结。

(2)项目背景和概述。

(3)市场调查和分析。

(4)创业项目的可行性,包括怎么与别人竞争。

(5)大体的进度和安排。

(6)关键的风险、问题和假定。

(7)管理团队。

(8)公司资金管理。

(9)财务预测。

(10)假定公司能够提供的利益。

这些都需要反复的调查、了解才能确定,切勿空想而进行拟定。拟定时创业者一定要做到以下几点:

(1)关注产品。

(2)敢于竞争。

(3)了解市场。

（4）表明行动的方针。
（5）展示你的管理队伍。
（6）出色的计划摘要。

这些都是创业者创业首先要做好的准备。一份合格的大学生创业计划书是经过千锤百炼的，并且有高度的可行性。赶紧行动起来写好你自己的创业计划书。

（二）创业计划书的具体结构

具体结构见附件。

附件:

创 业 计 划 书

企业名称: _____

创 业 者: _____

日　　期: _____

地　　址: _____

电　　话: _____

一、企业概况

（一）经营范围

1. 主营：_____
   _____
   _____
   _____
   _____

2. 兼营：_____
   _____
   _____
   _____
   _____

（二）拟定企业性质

_____

（三）企业规模

1. 注册资本：_____
2. 员工数量：_____
3. 业务范围：_____
4. 营业时间：_____
5. 营业场地：_____
4. 计划营业额：_____

（四）企业创办背景

_____
_____
_____
_____

（五）企业经营预计达到的目标

_____

_____

_____

二、创业计划作者的个人情况

以往的相关经验（包括时间）

_____

_____

_____

_____

教育背景/所学习的相关课程（包括时间）

_____

_____

_____

_____

三、市场评估

目标客户描述：

_____

_____

_____

市场的容量/本企业预计市场占有率：

_____

_____

_____

_____

市场容量的变化趋势：

_____

_____

_____

_____

竞争对手的主要优势：

_____

_____

_____

_____

竞争对手的主要劣势：

_____

_____

_____

_____

相对于竞争对手的主要优势：

_____

_____

_____

_____

相对于竞争对手的主要劣势：

_____

四、市场营销计划（4P）

产品（1P）

产品	主 要 特 征

价格（2P）

产品	成本价（个）	销售价（个）	竞争对手的价格（个）

地点（3P）

（1）选址细节。

地　　　　址	面积（m^2）	租金（元/年）

（2）选择该地址的主要理由：

（3）选择的分销方式及理由：

分销方式:

_____
_____
_____

选择的理由:

_____
_____
_____
_____

促销(4P):

_____
_____
_____

五、企业组织机构

公司名称:_____

公司员工包括:(附录部分将附有组织结构图和工作描述)

职务	职责	月薪(元/人)
一、管理层人员		
二、员工		

组织结构图

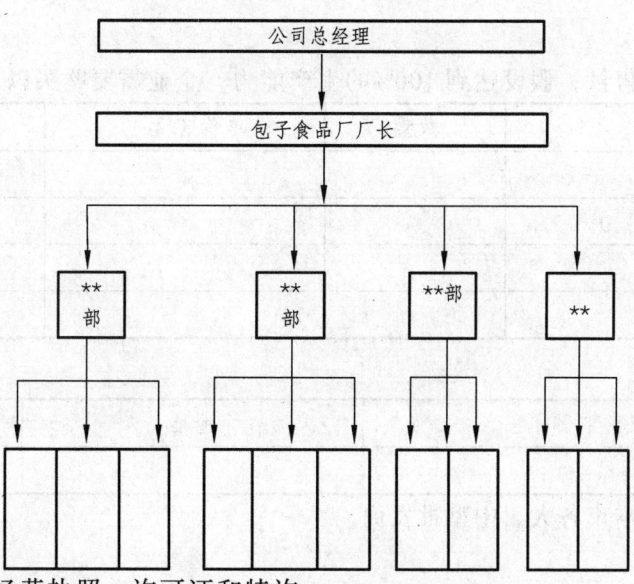

公司将获得的经营执照、许可证和特许
应办理以下经营手续：

类　型	费用预测（元）
营业执照	
卫生许可证	
条码证	
税务证	
食品标签准印证	
组织机构代码证	
产品标准注册登记证	
合　计	

公司的责任（保险、员工的薪酬）

类　型	费用预测（元）
员工养老保险	
员工工资	
合　计	

六、固定资产

1. 工具和设备。

根据预测的销售量，假设达到100%的生产能力，企业需要购买以下设备：

设备描述	数量	单价（元）	总费用（元）
合　　计			

供应商名称	地址	电话或传真

注：供应商是本市各大、中型批发商。

2. 办公设备：

设备描述	数量	单价（元）	总费用（元）

固定资产、折旧明细：

资产	价值（元）	年折旧（元）

七、营运资金（月）

原材料/包装材料：

材料描述	数量	单价（元）	每月总费用（元）

企业的其他物品：
根据企业营销的需要，需购置以下物品：

描　述	数　量	单价（元）	总费用（元）

其他经营费用（不包括折旧费和贷款利息）：

其他费用	月费用（元）	说　明
业主工资		
员工工资		
租金		
电费		
水费		
燃煤		
包装费		
电话费		
维修费		
保险		
注册费及开办费		
合　计		

八、销售计划及预期利润（每年12个月计划）

		1	2	3	4	5	6	7	8	9	10	11	12	合计
销售	销售计划数量													
	批发商销售数													
	单价													
	批发商收入合计													
	零售商销售数													
	单价													
	零售商收入合计													
	零售客户销售数													
	单价													
	零售客户收入合计													
	销售收入合计													

成本	××进货数量												
	单价												
	进货成本合计												
	××进货数量（1）												
	单价												
	进货成本合计（1）												
	合计												
	××进货数量（2）												
	单价												
	进货成本合计（2）												
增值税	增值税计数金额												
	增值税金额												
	库存												
	不含税销售收入												
成本	人员工资												
	房租												
	营销费用												
	电话费												
	水电费												
	网费												
	折旧费												
	贷款利息												
	保险												
	登记注册费用												
	装修费												
	差旅费												
	油费												
	律师咨询费												
	银行手续费												
	其他												
	总成本												
	附加税费												
	利润												
	企业所得税												
	净收入（税后）												

九、现金流量预计表（每年12个月计划）

		1	2	3	4	5	6	7	8	9	10	11	12	合计
现金流入	月初现金													
	现金销售收入													
	赊销收入													
	贷款													
	业主投资													
	其他现金流入													
	可支配现金（A）													
现金流出	现金采购支出													
	××成本													
	××成本（1）													
	××成本（2）													
	赊购支出													
	人员工资													
	租金													
	营销费用													
	电话费													
	水电费													
	网费													
	贷款利息													
	偿还贷款本金													
	保险金													
	登记注册费													
	装修费													
	差旅费													
	油费													
	律师咨询费													
	银行收费													
	其他													
	税金													
	现金总支出（B）													
月底现金（A−B）														

本章小结

作为创业者,创业的想法固然重要,但是能否将创业想法书面化呈现在投资人或者其他信息使用者面前,创业计划书的撰写非常关键。本章中讲解了创业计划的基本概念及作用,介绍了创业全过程中可能遇到的问题与矛盾,以及问题的应对方法,着重介绍了创业计划书的格式以及撰写流程,希望对所有有创业想法的创业者提供帮助。

本章知识点:文化创意、创业资本、市场评估、创业风险、风险管理、创业计划书的结构。

复习与思考

1. 什么叫文化创意?
2. 创业资本筹集渠道有哪些?
3. 了解创业前市场评估的重要性及必要性。
4. 创业过程中必然存在风险,如何进行风险管理?
5. 创业资本的退出情形有哪些?
6. 试结合自己的创业想法,完成一份完整的创业计划书。

第七章 初创企业

【学习目标】

了解企业的组织形式、注册流程,熟悉初创企业所面临的主要法律问题,掌握初创企业生存管理与日常经营管理的基本知识,能够利用本章知识对初创企业进行科学管理。

导读

创建活动不仅是导致新企业形成的条件,而且是新企业生成过程中的功能性要素。借助创建活动,创业者一方面创造出新企业实体,另一方面也在形成并塑造着新企业的竞争优势。

——斯科特·纽伯特(美国)

第一节 成立新企业

我国是成文法国家,执法和司法均以法律、法规、规章以及规范性文件为依据。创业者在开始创业前要充分了解我国的基本法律环境,各类企业的不同法律形态、特点及其利弊,还要按照法律规定及程序办理必要的法律手续。

一、企业注册前应该了解的法律知识

(一)企业法律形态的分类

成立企业时所选择的法律形态一般有有限责任公司、个人独资企业、合伙企业、个体工商户等。不同企业的法律形态及其特点也各不相同。

【扩展阅读】

决定公司所有权形式的几个因素

在选择公司所有权的形式时,企业者必须牢记,没有一个准则是"最合适"的,究竟哪种形式最好依赖于公司所处环境。决定公司所有权形式需要首先明确以下因素。

(1)自己企业中的业务能力和业务潜力有多大。

(2)在公司的决策过程中,创业者希望在多大程度上拥有公司的控制权,是否希望与企业团队的合伙人分享你的理念,并分出一些业务。

（3）业务的发展需要的资金数量。

（4）哪项税收对自己最为合适、政府的税收优惠政策、员工的工资支出等"钱"的问题。

（5）如果创业失败，创业者个人能够对业务的损失和产生的债务有多大的责任能力。

（6）如果中间有合伙人退出或拥有者发生意外，是否希望企业继续运营下去。

（7）在公司取得成功后，创业者希望谁将是唯一的或者主要的受益人，受益者是否愿意或者能够与别人一起分享收益。

（8）创业者在注册公司时，是否想要得到一些政府优惠政策的扶植，更多的扶持也就意味着更多的责任和限制。

创业者在选择建立企业时，首先需要确立企业的组织形式，但是以什么样的组织形式注册企业，并没有一个最好的标准，相反，创业者需要根据公司的环境确立企业组织形式。创业者需要考虑诸如"资金""税收""业务要求""优惠政策"等多种因素。

1. 有限责任公司

有限责任公司是依照《中华人民共和国公司法》设立的，有限责任公司由五十个以下股东出资设立，有限责任公司还需要有股东符合法定人数；有符合公司章程规定的全体股东认缴的出资额；股东共同制定公司章程；有公司名称，建立符合有限责任公司要求的组织机构；有公司住所等条件。还应设立股东会、董事会和监事会，并由董事会聘请职业经理管理公司事务，股东以其出资额为限对公司承担责任，公司以其全部财产对公司债务承担责任。也可以设立一人有限责任公司，但一个自然人只能投资设立一个一人有限责任公司，该一人有限责任公司不能投资设立新的一人有限责任公司，应当在公司登记中注明自然人独资或者法人独资，并在公司营业执照中载明。

2. 个人独资企业

个人独资企业是指依照《中华人民共和国个人独资企业法》设立的，设立个人独资企业应当具备下列条件：投资人为一个自然人；有合法的企业名称；有投资人申报的出资；有固定的生产经营场所和必要的生产经营条件；有必要的从业人员。财产为投资人个人所有，投资人以其个人财产对企业的债务承担无限责任。

3. 合伙企业

合伙企业是指依照《中华人民共和国合伙企业法》设立的，订立合伙协议、设立合伙企业，应当遵循自愿、平等、公平、诚实信用原则。设立时需要有两个以上合伙人、有书面合伙协议、有合伙人认缴或者实际缴付的出资、有合伙企业的名称和生产经营场所和法律、行政法规规定的其他条件。合伙人可以用货币、实物、知识产权、土地使用权或者其他财产权利出资，也可以用劳务出资。合伙企业的合伙人要依照合伙协议共同经营、共享利益、共担风险，各合伙人按照协议分配利润，同时要对合伙债务负无限连带责任。

4. 股份有限公司

股份有限公司的设立，可以采取发起设立或者募集设立的方式。发起人应当有二人以上二百人以下，有符合公司章程规定的全体发起人认购的股本总额或者募集的实收股本总额，股份发行、筹办事项符合法律规定，发起人制定公司章程，采用募集方式设立的经创立大会通过，有公司名称，建立符合股份有限公司要求的组织机构，有公司住所。

5. 个体工商户

个体工商户是依照《个体工商户条例》设立的，只要有经营能力的公民，可以到工商行政管理部门登记，成为个体工商户。个体工商户可以个人经营，也可以家庭经营。人数上没有过多限制，也无资本数量限制。个体工商户登记事项包括经营者姓名和住所、组成形式、经营范围、经营场所。全部资产及利润属于自己或家庭所有，但同时对外要承担无限责任。

（二）企业法律形态的选择

不同企业法律形态有不同的要求，包括开办和注册企业的资金、手续办理的难易、风险责任的大小等。创业者可以通过了解设立各种企业的基本条件及其利弊，然后再做出恰当的选择。

1. 设立有限责任公司的基本条件及其利弊

（1）基本条件。

① 股东符合法定人数，有符合公司章程规定的全体股东认缴的出资额。

② 有公司名称，建立符合有限责任公司要求的组织机构，股东共同制定公司章程。

③ 有公司住所和必要的生产经营条件。

（2）优势。

① 有限责任。由于拥有法人资格，股东个人承担的责任仅以所出的股本为限，降低了个人投资风险。

② 运行稳定。有限责任公司要求拥有完善的管理和财务制度，股东入股后不得抽回资金，在法律上保证了充裕的资金和健全的运行机制。

（3）劣势。

① 注册手续复杂、费用高。注册有限责任公司必须经过严格审查，费用比较高。

② 税收较高。有限责任公司要缴纳企业所得税和个人所得税。

③ 转让困难。股东一旦出资就只能享受收益，不能撤回资金，不能随便转让股本。

2. 设立个人独资企业的基本条件及其利弊

（1）基本条件。

① 投资人为一个自然人。

② 有合法的企业名称，有投资人申报的出资额。

③ 有固定的生产经营场所和必要的生产经营条件。

④ 有必要的从业人员。

（2）优势。

① 注册手续简单，费用低。

② 决策自主。企业所有事务由投资人做主，投资者可以根据市场变化调整经营方向。

③ 税收负担较轻。只征收企业所得税而免征个人所得税。

④ 注册资金不受限。《中华人民共和国个人独资企业法》对注册资金没有规定，多少钱都可以当老板。

（3）劣势。

① 信贷信誉低，融资困难。由于企业抗风险能力差，不容易取得银行信贷，同时面向个人的信贷也不容易。

② 无限责任。一旦经营亏损，除了企业本身的财产要清偿债务外，个人财产也不能幸免，加大了投资风险。

③ 可持续性差。投资人对企业的所有事务具有绝对的自主权，加大了个人的责任，带有很强的随意性，缺乏规范的管理，对企业不利。

④ 资产有限。企业的全部家当就是个人资产，很难有大的发展。

3. 设立合伙企业的基本条件及其利弊

（1）基本条件。

① 合伙人应为两个或者以上具有完全民事行为能力的自然人。

② 有书面合伙协议，有合伙企业的名称，各合伙人实际缴付的出资。

③ 有经营场所和从事合伙经营的必要条件。

（2）优势。

① 注册手续简单，费用低。注册方式与个人独资企业相似，关键在于合伙人之间达成的协议，企业运行的法律依据就是共同协议。

② 有限合伙承担有限责任，易吸引资金。合伙企业可以通过普通合伙人经营管理并承担无限责任，同时可以吸引那些不愿承担无限责任的人向企业投资。

③ 税收较低。和个人独资企业一样，只需要缴纳企业所得税，免征个人所得税。

（3）劣势。

① 无限责任。一旦合伙人中某一人经营不善，则所有合伙人都会被连累，我国的法律规定合伙人之间的分担比例对债权人没有约束力，债权人可以根据自己的清偿权益，请求合伙人中的一人或几个人承担全部清偿责任。

② 易内耗。公司是资本说了算，而各合伙人平均享有权利，一旦有隙，企业决策就难达成一致意见，导致业务开展困难。

③ 合伙人财产转让困难。合伙人向外转让财产必须经全体合伙人同意，而不是采取少数服从多数的原则，因此很难抽身而退。

4. 设立个体工商户的基本条件及其利弊

（1）基本条件。

① 个体可以个人经营，也可以家庭经营。

② 个体工商户登记事项包括经营者姓名和住所、组成形式、经营范围、经营场所。个体工商户使用名称的，名称作为登记事项。

（2）优势。

① 对注册资金实行申报制，没有最低限额基本要求。

② 注册手续简单，费用低。
③ 税收负担轻。
（3）劣势。
① 信誉较低，很难获得银行大额贷款。
② 经营规模小，发展速度慢。

（三）影响选择企业法律形态的因素

以上各种企业法律形态各有利弊，我们不能简单地说某种企业法律形态最好或最差，但从总体上说，选择企业法律形态应当考虑如下因素：

（1）拟创办企业的规模大小；
（2）创业时所拥有资金的多少；
（3）共同创业人数多少；
（4）创业的观念；
（5）所能承受的风险；
（6）准备创业的行业的发展前景。

具体而言，选择企业形式时要注意以下几个方面：

（1）如果准备开办的企业规模较小，投资人较少，资金较少，所有风险由自己一个人承担，那么就可以选择比较简单的企业形式，如个体工商户或合伙企业。

（2）如果准备开办的企业规模较大，投资人比较多，需要的资金较多，为避免较大的债务风险，可以选择有限责任公司这种企业形式。

（3）如果能争取到国外的投资者，享受外商投资的有关优惠政策，则可以考虑选择中外合作企业或中外合资企业这种企业形式。

（4）如果有其他的合伙人，则可以选择合伙企业、有限责任公司等企业形式。

（5）如果有较强的独立意识，不愿与他人合作，则可以选择个体工商户或个人独资企业。

（6）如果所选择的是科技含量高、需要大量投资的企业，则可以选择有限责任公司或股份有限公司等企业形式。

二、企业注册登记中的法律知识

在选择了企业的法律形式之后，就需要进行注册登记。以2017年注册登记成立企业为例，企业注册登记的主要流程和步骤如下：

（一）公司注册流程

（1）查询企业名称；
（2）客户提供基本资料；
（3）工商初审刻章备案；
（4）验资；
（5）提交工商局审批，打印营业执照；

（6）办理企业组织机构代码证；
（7）办理税务登记证；
（8）领取全部执照和其他相关材料。

（二）具体步骤

（1）核名：到工商局去领取一张"企业（字号）预先核准申请表"，填写公司名称，由工商局上网（工商局内部网）检索是否有重名，如果没有重名，就可以使用这个名称，就会核发一张"企业（字号）名称预先核准通知书"。

（2）租房：去专门的写字楼租一间办公室，如果你自己有厂房或者办公室也可以，有的地方不允许在居民楼里办公。租房后要签订租房合同，并让房东提供房产证的复印件。

签订好租房合同后，还要到税务局去购买印花税，按年租金的千分之一的税率购买。例如，每年你的房租是1万元，那就要买10元钱的印花税，贴在房租合同的首页，后面凡是需要用到房租合同的地方，都需要是贴了印花税的合同复印件。（2014年3月1号后申请人提交场所合法使用证明即可予以登记。）

（3）编写"公司章程"：可以在工商局网站下载"公司章程"的样本，修改一下就可以了，章程的最后由所有股东签名。

（4）到工商局现场办理营业执照，带齐以下资料：
① 公司设立申请书（可以在当地工商局网站下载）；
② 公司章程（可以在当地工商局网站下载）；
③ 董事法人监事任免书（可以在当地工商局网站下载）；
④ 总经理任免书（可以在当地工商局网站下载）；
⑤ 全体股东法人身份证原件；
⑥ 名称预先核准通知书（公司注册流程及费用的第一步已打印名称预先核准通知书）。

（5）凭营业执照法人身份证到专业刻章店刻印公章、财务章（1~2个工作日）。

（6）凭营业执照、法人身份证、公章到市场监督管理局办理企业组织机构代码证（1个工作日）。

（7）凭营业执照和组织机构代码证、法人身份证、公章到各（您所在）区的国税或地税分局办理税务登记证（1个工作日）。

（8）去银行开立公司验资户：所有股东带上自己入股的那一部分钱到银行，带上公司章程、工商局发的核名通告、法人代表的私章、身份证、用于验资的钱、空白询征函表格到银行去开立公司账户，你要告诉银行是开验资户。开立好公司账户后，各个股东按自己出资额向公司账户中存入相应的钱。银行会发给每个股东缴款单，并在询征函上盖银行的章（2014年3月1号后注册公司新政策已实施可省略此步骤）。

（9）到开验资户银行凭公司全套资料把验资户转成基本户（没有开验资户的实收资本为0的也可以到银行开基本户）。

（三）注册一家公司的费用

（1）核名：免费。

（2）开验资户：0元。

（3）银行询证费：0～500元（以银行为准，认缴制不需要）。

（4）验资报告：0～500元（认缴制不需要）。

（5）工商执照：免费。

（6）刻章：600～900元。

（7）代码证：148元（以当地收费标准为准）。

（8）税务证：免费。

（9）开基本户：800～1500元（每个银行收费不一样）。

（10）注册地址（商务挂靠地址）：1000～1500元/年不等（自己有地址的可省略）。

2014年3月1日，实行注册资本认缴登记制，放宽注册资本登记条件；由公司股东（发起人）自主约定认缴出资额、出资方式、出资期限等，记载于公司章程，并承担缴纳出资不全的法律责任，注册公司不占用资金，不需验资费用。

（四）企业设立登记提交的文件与证件

1. 个体工商户

（1）《个体工商户开业登记申请书》（含《个体工商户开业登记申请表》《经营者基本情况表》《经营场所证明》等表格）。

（2）《名称（变更）预先核准申请书》《企业名称预先核准通知书》及其他名称预先登记材料（未取字号名称的个体摊商不提交）。

（3）经营范围涉及前置许可项目的，应当提交有关审批部门的批准文件；涉及后置许可项目的，应提交《承诺书》。

2. 个人独资企业

（1）《企业设立登记申请书》（内含《企业设立登记申请表》《投资者名录》《负责人登记表》《企业住所证明》等表格）。

（2）《名称（变更）预先核准申请书》《企业名称预先核准通知书》及其他名称预先登记材料。

（3）《指定（委托）书》（投资人自己办理的，不必提交《指定（委托）书》）。

（4）《企业秘书（联系人）登记表》。

（5）经营范围涉及前置许可项目的，应提交有关审批部门的批准文件；涉及后置许可项目的，应提交《承诺书》。

3. 合伙企业

（1）《企业设立登记申请书》（内含《企业设立登记申请表》《投资者名录》《企业住所证明》等表格）。

（2）全体合伙人的身份证明。

（3）《指定（委托）书》。

（4）合伙协议。

（5）出资权属证明。

（6）《名称预先核准申请书》《企业名称预先核准通知书》及其他名称预先登记材料。

（7）全体合伙人共同委托执行合伙企业事务人的委托书。

（8）《企业秘书（联系人）登记表》。

（9）经营范围涉及前置许可项目的，应提交有关审批部门的批准文件；涉及后置许可项目的，应提交《承诺书》。

【扩展阅读】

如何订立合伙协议

为了避免经济纠纷，在合伙企业成立时，合伙人应首先订立合伙协议（又叫合伙契约，或叫合伙章程）其性质与公司章程相同，对所有合伙人均有法律效力，一般包括以下内容。

（1）合伙企业的名称（或字号）和所在地及地址；

（2）合伙人姓名及其家庭地址；

（3）合伙企业的经营以及设定的存款期限；

（4）合伙企业的设立日期；

（5）合伙人的权利与义务；

（6）合伙人的投资形式及其计价方法；

（7）合法人的退伙和入伙的规定；

（8）损益分配的原则和比率；

（9）付给合伙人贷款的利息；

（10）付给合伙人的工资；

（11）每个合伙人可以抽回的资本；

（12）合伙人死亡的处理以及继承人权益的确定；

（13）合伙企业结账日和利润分配日；

（14）合伙企业终止以及合伙财产的分配方法；

（15）其他需经全体合伙人同意的事项。

4. 有限责任公司

（1）《企业设立登记申请书》（内含《企业设立登记申请表》《投资者名录》《法定代表人登记表》《董事会成员、经理、监事任职证明》《企业住所证明》等表格）。

（2）公司章程。

（3）验资报告。

（4）《名称（变更）预先核准申请书》《企业名称预先核准通知书》及其他名称预先登记材料。

（5）股东资格证明。

（6）《指定（委托）书》。

（7）《企业秘书（联系人）登记表》。

（8）经营范围涉及前置许可项目的，应提交有关审批部门的批准文件；涉及后置许可项目的，应提交《承诺书》。

（9）提交打印的股东名录和董事、经理、监事成员名录各一份。

三、创办企业必须考虑的法律问题

投资者保护的相关法律问题与投资者自身利益息息相关,投资者前期准备应注意什么,做好了前期准备才可以一帆风顺。开办公司要注意的法律问题如下:

(一)公司成立前合同的效力与责任

《中华人民共和国公司法》第七条规定,公司营业执照签发日期为公司成立日期。在公司成立前,发起人有可能甚至有必要以"公司"的名义与第三方进行交易并签订合同,如认缴合同、买卖合同、劳务合同、租赁合同、借款合同等(公司成立前合同)。与此有关的法律问题是:如果公司后来没有成立或成立后不履行合同,公司成立前合同是否有效?谁应当对其所引起的债务负责?

首先,应认定合同有效。理由是:从发起人和公司角度说,商场如战场,必须抓住机遇,但公司设立需要一个过程。在这个过程中,发起人往往需要以公司的名义与第三方进行交易并签订合同,以落实各项准备工作。从第三方角度说,他们往往更愿意甚至只能同公司而不是发起人进行交易并签订合同。因此,为了促进公司发展,保护交易安全,应当认定依法签订的上述合同有效。

其次,由于签订合同时公司尚未成立,一般来说,发起人应当对其所引起的债务负责。但在一定条件下,公司也有可能对合同债务负责。具体分析如下:

(1)发起人的责任。一般来说,如果公司后来没有成立,或者成立后不履行合同,除非当事人明确约定发起人不对公司成立前合同所引起的债务负责,发起人就应当对合同债务负责。公司成立后,如果发起人、公司和第三方达成协议,公司取代发起人成为合同当事人,那么,发起人就不应当对合同债务负责。在这种情况下,合同当事人发生了变更。

(2)公司的责任。一般来说,公司不应当对公司成立前合同所引起的债务负责。在公司成立后,如果公司采纳了上述合同,公司就应当与发起人对其所引起的债务负连带责任。自承诺之日起,公司成为合同当事人,当然应当履行义务。承诺可以是明确的,如董事会通过决议追认,也可以是隐含的,如公司在没有表示异议的情况下接受合同所带来的利益。

(二)公司成立前发起人的信托责任

公司法规定,董事、监事、高级管理人员应当遵守法律、行政法规和公司章程,对公司负有忠诚义务与勤勉义务。在公司设立过程中,发起人实际上行使经营管理职责,并且往往需要以"公司"的名义与第三方或者以个人名义与"公司"进行交易。为了规范发起人的行为,保护公司的利益,公司法应当规定,在公司设立期间,发起人对其他发起人和公司负有信托责任。公司成立前发起人的信托责任类似于公司成立后董事、高级职员以及控股股东对公司及其他股东的信托责任。

在实务中,有必要严格规范公司成立前发起人及其关系人与公司所进行的关联交易(公司成立前之关联交易),如发起人向公司提供资金、货物、服务,出租房屋、厂房、设备等。由于这类交易发生在发起人及其关系人与公司之间,它们也被称为自我交易。由于发起人及其关系人与公司之间存在着利益冲突,这类交易也被称为利益冲突交易。除利益不一致外，发起人及其关系人与公司之间往往还存在着信息不对称。在这种情况下，发起人及其关系人就有可能利用信息优势损害公司利益、谋求个人利益。

然而，与公司成立后关联交易类似，公司成立前的关联交易既有可能损害公司利益，也有可能不损害公司利益，甚至有可能促进公司利益。因此，在这个问题上，不宜采纳本身违法规则，而宜采纳披露、批准或追认、公平规则。具体来说，在与公司进行交易前，发起人应当向其他发起人披露与交易有关的事项，特别是发起人及其关系人在交易中的利害关系，并取得无利害关系的多数发起人的批准；或者在公司成立后向董事会披露上述信息并取得无利害关系的多数董事的追认。如果发起人没有履行上述义务，董事会就有权依法撤销合同，并要求发起人及其关系人返还不当得利，除非发起人及其关系人能够证明交易是公平的。

如何认定公司成立前的关联交易中的不当得利？应当具体问题具体分析。以买卖合同为例，某甲以50万元的价格购买房屋，十年后，他成为发起人，并以100万元的价格将该房屋出售给"公司"。如果此时该房屋的市场价格是100万元，就不存在不当得利。然而，如果发起人及其关系人在成为发起人之后才取得了其所出售给"公司"的财产，在认定不当得利时，就应当计算"公司"所支付的价格与发起人购买房屋时所支付的价格之间的差额。举例来说，在成为发起人之后，某乙以50万元的价格购买房屋，然后以100万元的价格出售给公司。在这种情况下，发起人就获得了50万元的不当得利。

（三）公司设立瑕疵的法律后果

从法理上讲，只有符合法定程序，公司才能有效设立。公司有效设立的法律后果是，股东对公司债务承担有限责任。公司设立瑕疵则意味着，公司设立不符合法定程序，从而不能有效设立公司。在这种情况下，发起人就应当以个人财产对公司的债务负责。

在我国，一些理论与实际工作者主张借鉴美国公司法的公司设立瑕疵说，在一定条件下免除发起人对设立瑕疵"公司"债务的连带责任。其目的是保护善意发起人的合法权益，并防止有关当事人恶意逃避合同义务。

根据美国公司法，即使公司设立不完全符合法定程序，发起人仍有可能受到有限责任制度的保护。具体来说，根据事实上的公司（相对于法律上的公司而言）说，如果符合一定的条件，一个企业可以被视为一个公司，即使该企业并未取得法律上的公司地位。这些条件包括：① 有与公司有效设立有关的法律（如成文公司法）；② 有遵守上述法律的诚信努力（如提交公司注册证书、交纳登记费）；③ 企业实际行使了公司的特权（如以公司的名义从事经营活动）。

事实上的公司说主要是为了保护善意发起人的利益。但由于现代公司法极大简化了公司设立程序，此说的作用已经非常有限。现在，美国许多州成文公司法明确规定，公司注册证书的登记是公司设立的结论性证据。不过，如果发起人向政府提交了适当的公司注册证书，而政府在没有异议的情况下没有进行登记，企业仍有可能成为事实上的公司。

此外，根据禁止反言公司说，如果一个人将一个企业按照一个公司来对待，那么，他以后将被禁止否认该企业是一个公司。禁止反言公司说主要是为了防止各方当事人恶意逃避合同义务。它既适用于对"公司"负有债务的外部人，也适用于对外部人负有债务的"公司"。由于类似的原因，现在，美国有些州已经明确废除了禁止反言公司说。

鉴于我国公司法已经大大简化了公司设立程序，并且对善意当事人与恶意当事人的认定有一定的困难，似乎没有必要采纳上述公司设立瑕疵说。这样更有利于规范公司设立行为，并降低其法律后果的不确定性。不过，如果公司设立瑕疵是公司登记管理机关的过错所引起的，就应当承认企业的法人地位，并允许发起人采取相应的补救措施。

（四）不同阶段面临的法律问题

在企业刚创建时，创业者面临的法律问题主要包括：确定企业的形式，设立适当的税收记录，协调租赁和融资问题，起草合同，申请专利、商标或版权保护等。当新企业创建成功并开始运营后，企业又将面临人力资源管理法规（劳动法）、安全生产法规、产品质量法规、财务和会计法规、市场竞争法规等法律制约。当企业注销，合伙关系终止时，首先要进行审计清算，对合伙财产进行处理，有书面协议的，按照协议进行处理；没有协议且协商不成的，按照出资数额进行处理，并照顾出资数额多的人的利益。每个新办企业都追求发展，企业在不同的发展阶段意味着要面临不同的法律问题，都是每个创业者必须要面对的。

【扩展阅读】

股份有限公司的发起与募集

股份有限公司的设立指的是为正式成立股份有限公司、取得法人资格而依法进行的一系列筹建准备行为。股份有限公司的设立程序因发起设立和募集设立的不同而有所区别，下面就这两种情况分别进行介绍。

一、发起人之间发起设立的程序

（1）以书面的形式订立发起人协议。发起人协议是公司设立程序的第一步，它是发起人之间以说书面形式表达的有关公司的组建方案，发起人之间的职责分工等的共同意愿。发起人协议通常包括以下主要内容：发起人的姓名以及住所；公司拟发行的股份类别，每股的面值、发行价；每个发起人的认购数额、出资类别；发起人缴纳股款、交付现场、转让财产权利的时间和方式，以及发起费用的预算、开支和每个发起人的发起费用的负担等。

（2）发起人订立书面协议以后就应该按照协议的规定缴纳出资认购股份。发起人缴纳出资的方式主要有以现金缴纳或用实物、工业产权、非专利技术、土地使用权来抵充股款。以现金之外的其他财产或财产权利出资的需要由有关的中介机构进行评估，并且要依法办理有关的财产权利的转移手续。

（3）发起人交付全部出资以后，应当选举董事会和监事会，并由董事会向公司登记机关报送设立公司所需的批准文件、公司章程、验资证明等文件，申请设计登记。

二、募集设立的程序

（1）发起人首先要做的是与前述的发起设立的程序中前两步相同的步骤，有所区别的是，在发起设计立中，发起人要认购全部的股份，而在募集设计中，发起人只认购全部股份中的一部分，我国公司法规定认购数额应不少于首期发行股份的35%。

（2）制定招股说明书。招股说明书是像非特定的社会公众发出的认购股份的书面说明，该说明书在发出以前应当经过国务院证券管理部门的批准。

（3）向国务院递交募股申请。申请时，还必须同时报送公司法规定的一些文件，比如公司章程、经营估算书、发起人的姓名、认股的股份数等。

（4）募股申请经国务院主管部门批准以后，发起人应该公告招股说明，并制作认股书。公告招股说明书时应该根据所要募集的范围在相应的报纸杂志上予以公告。同时，发起人必须制作认股书，认股书应载明公司法所要求的内容，由认股人填写有关事项，如认购的股数、金额、认股人的住所等。

（5）发起人应该同依法设立的证券经营机构订承销协议，并与银行签订代收股款的协议。发起人要募集股份，必须通过证券经营机构进行，而且必须与银行签订代收股款的协议，由银行代为收取和保存认股人缴纳的股款。

（6）取得验资证明。发起人在股款募足以后，必须请中立机构或专家出具证明全部股份已经如数缴纳的文件，这一文件是申请公司注册的必备文件。

（7）召集由认股人组成创立大会。创立大会的工作主要是选举董事会，监事会成员，并审议发起人的募股情况，并做出设立公司与否的决定。

（8）由创立大会选举的董事会向公司登记机关报送有关文件，申请设立登记。董事会应该在创立大会结束后的法定日期内向公司的登记机关报送公司法要求的相关文件，申请设立公司。

四、选择企业组织形式需要考虑的因素

企业组织形式反映了企业的性质、地位、作用的行为方式，规范了企业与出资人、企业与债权人、企业与政府、企业与企业、企业与职工等内外部的关系。毫无疑问，企业的建立必须和我国的社会制度相适应，和我国的生产力发展水平相适应，同时创业者也要充分考虑到企业的行业特点。企业只有选择了合理的组织形式，才有可能充分地调动各方面的积极性，使之充满生机和活力。在决定注册企业时，要考虑的因素很多，但主要有以下几方面：

（一）税　收

在西方发达国家，企业创办人首先考虑的因素是税收。美国公司法也将这一因素称为决定性因素。我国对公司企业和合伙企业实行不同的纳税规定。国家对公司营业利润在企业环节上课征公司税，税后利润作为股息分配给投资者，个人投资者还需要缴纳一次个人所得税。而合伙企业则不然，营业利润不征公司税，只征收合伙人分得收益的个人所得税。再对比合伙企业和股份有限公司，合伙企业要优于股份有限公司，因为合伙企业只征一次个人所得税，而股份有限公司还要再征一次企业所得税。像腾讯、众创空间这类股份制企业，股东个人所获资本公积转增股东所得，不征个人所得税，这一点合伙制企业就不能享受。如果综合考虑企业的税基、税率、优惠政策等多种因素的存在，股份有限公司也有有理的一面，因为国家的税收优惠政策一般都是只为股份有限公司所适用。一般情况下，规模较大企业应选择股份有限公司，规模不大的企业采用合伙企业比较合适，因为规模较大的企业需要资金多，筹资难度大，管理较为复杂，如采用合伙制形式运转比较困难。

（二）企业的业务需要

创业者在考虑选择企业的组织形式时，首先想到的是企业自身的因素。不论是哪一种企业组织形式，都有自己的优势与劣势，创业者要认真考虑每种所有权的形式所产生的结果和要求，还必须结合自己的实际情况。一般来说，需要考虑的问题包括启动资金与资金增长潜力，企业团队人员的合作与结算，企业的业务诉求，企业的运营计划等。事实上，没有一种所谓的"最好"的企业组织形式，只有"最合适"自己的，新创业一切都应以盈利为标准，以便能保证满足企业的业务要求。

（三）企业外部环境的支持

企业外部环境的支持，是指国家及地方政府对某些企业进行的扶持与帮助。创业者在注册企业之前，要花时间了解所在地方政府对不同企业的支持政策，在建立企业时予以参考。除此之外，创业者需要经常打交道的还有银行，不同的银行对中小企业的借贷也有不同的政策。同样各地的税收也有不同。因此，信息的搜集对创业者来说至关重要。

（四）利润和亏损的承担方式

由于受到中国传统文化的影响，一些企业家在与人合伙时，总是无法涉及利益的分配与责任的划分，这种情况对企业以后的发展极为不利。在创建之初就建立现代企业制度是非常重要的。独资企业，业主无须和他人分享利润，但其要一人承担企业的亏损。合伙企业，如果合伙协议没有特别规定，利润和亏损由每一个合伙人按相等的份额分享和承担。有限公司和股份公司，公司的利润是按股东持有的股份比例和股份种类分享的。对公司的亏损，股东个人不承担投资额以外的责任。另外，创业者也需要考虑，在业务获得长足发展之后的上市问题，需要在建立之初就有一个长远的规划。

【扩展阅读】

瓦伦汀商店企业组织形式选择案例分析报告

瓦伦汀作为一名成功的独资经营的汽车经销商，现由于自己年龄问题，他考虑将自己的商店留给自己的儿孙，在组织形式的选择问题上，有如下要求：

（1）所有权。瓦伦汀希望他的两个儿子各拥有25%的股份。五个孙子各拥有10%的股份。

（2）存续能力。瓦伦汀希望即使发生儿孙死亡或放弃所有权的情况也不会影响经营的存续性。

（3）管理。当瓦伦汀退休后，他希望将产业交给商店雇员乔·汉兹来管理。虽然瓦伦汀希望家族保持产业的所有权，但他并不相信他的家族成员有足够的时间和经验来完成日常的管理工作。

（4）所得税。瓦伦汀希望企业采取的组织形式可以尽可能地减少他的儿孙们应缴纳的所得税，他希望每年经营所得都尽可能多地分配给商店的所有人。

（5）所有者的债务。瓦伦汀希望能够确保在商店发生损失时，他的儿孙们的个人财产不受任何影响。

你认为瓦伦汀先生应该采用何种组织形式来建立自己的企业呢？

分析：该企业应该选取有限合伙制

有限合伙定义：是指1名以上有限合伙人所组成的和合伙，由2个以上20个以下合伙人设立；至少应当有1个普通合伙人。虽然在表面上及一些具体程序与做法上，他是介于合伙与有限责任公司之间的一种企业形式，但必须强调的是，在本质上它是合伙的特殊形式之一，而不是公司。

合伙企业在经营过程中不需要缴纳企业经营所得税，只需要各合伙人缴纳个人所得税，这样企业的经营所得税就可以尽可能多的分配给商店的所有人。

A. 所有权。瓦伦汀希望他的两个儿子各拥有25%的股份。五个孙子各拥有10%的股份。但考虑到实际情况有限合伙企业中必须有1名普通合伙人，可以考虑从儿孙所持有的股权中拿出一部分作为普通合伙人的股权，如10%，具体数额可以由各合伙人协议约定，但不影响家族控股权。

B. 存续能力。有限合伙制企业，股权随投资人的死亡而终结，有限责任公司的股权则可以永续。瓦伦汀希望即使发生儿孙死亡或放弃所有权的情况也不会影响经营的持续性。所以事先应协议规定，在不影响家族控股权的情况下，股权只能在家族内部进行转让。

C. 管理。桥·汉兹以普通合伙人身份与合伙，在合伙协议中确定执行事务和报酬提取方式。有限合伙人不执行合伙事务，不得对外代表有限合伙企业。

D. 所得税。合伙企业的生产经营所得和其他所得，按照国家有关税收规定，由合伙人分别缴纳个人所得税，不需缴纳公司所得税，而有限责任公司和股份有限公司需缴纳公司所得税，个人投资还得缴纳个人所得税。

五、新企业的选址

对于任何一家新办企业而言，找到一个合适的办公场所既令人兴奋，也是一件极具挑战的事情。对于一些初创公司和小企业来说如，何找到合适的办公场所呢？下面这些问题，是绝大多数初创公司在首次选址时需要认真考虑的事项：

（一）如何开始

一开始你就要有清晰明确业务模式和房产目标，然后需要快速做出决策，以占据优势。此外，你还需要考虑很多重要的因素，如公司是否会按计划增长，地理位置，交通要求，停车要求，预估场地空间要求，优化场地空间结构，技术要求，以及时间和预算等。

为了使干扰最小化，提高办公场所搜索的效率，必须从一开始就要明确了解什么是自己真正所需的办公场所，另外也要考虑场地预算和场地规格，并明确选址所需的流程和时间，这样才能确保能够成功寻找并"占领"一个场地。

（二）选择办公场所会涉及哪些人

在公司内部，你需要指定一个项目负责人，他（她）要和你单点联系，直接向你汇报工作。如果你不想大动干戈，那么在开始的时候最好能再将IT部门、人力资源部门以及财务部门纳入选址工作之中，组成一个团队。而这个团队的领导，应该是一个在企业房产和设施部署领域里非常有经验的人。

不仅如此，你要确保能够找到一支顾问团队给你帮忙。一个房地产经纪人或许对你会非常有帮助，因为他可以代表租户，特别是代表初创公司。初创公司有一些特殊需要，一个出色的房产经纪人不仅可以很好地理解这些需求，而且还能帮助这些公司找到最适合他们的房产业主。另外，承租经纪人的薪酬通常是由房产业主来支付的，因此你可以从一个专业的房地产顾问中受益，而且还无需给他们支付酬劳。

另外，你最好再找一个有经验的房地产律师，这样不仅能够确保在进行租房谈判时可以让你保持一定的灵活性，而且也能保障相关条款和条件对你有利，并足够公平。绝大多数初创公司在第一次签订租房合同时，房东的态度总是不是很友好，这也会导致很多意想不到的麻烦。此时一个具有成本意识的优秀律师就会给你提供很多帮助，让你避免掉入一些不必要的陷阱之中。

（三）应该在什么时候开始启动寻找办公场所的流程

绝大多数初创公司和小企业低估了寻找办公场所所需要的时间和工作流程。要知道，如果你想在短短三十天内找到一个独特的办公室，或是一个联合办公场地，绝不是想象中的那么简单。

如果你正在寻找一块待出租的办公场所，那么有很多因素会影响寻址的进度，包括如下几个因素：你所需要的办公场所规模，市场条件和可用性，与房东户主的谈判时间，办公场所空间规划，租赁文件，营业许可证，以及装修时间。一般来说，如果你正在寻找的办公场所面积不到1万平方米，那么你要把最初设想的截止日期向后延长一段时间，并且要给自己留下 4~6 个月时间来寻找合适的办公场所。如果你寻到的办公场所面积大于1万平方米，那么这个时间至少要向后顺延 6~12 个月。

（四）在租赁办公场所的时候，需要哪些类型的财务担保书

如果租房者可以提供一些资质，证明自己的经济条件是有保障的，那么会让房东感觉更放心，也能降低他们的风险。如果租户可以给房东提供一些证明，那么他们就会在众多寻租者中脱颖而出，所以你需要尽可能地让房东了解优秀的财务表现。在租房的时候，你可能会被要求提供一些保证金，或是公司创始人的个人担保。因此在此之前，你需要提前准备好所需的财务资料、纳税申报单、银行账单、预付租金（银行信用证）。但是要切记，租赁房屋时如果要为他人提供个人担保证明时，一定要非常小心，因为这很可能会把你的个人资产情况泄露出去。另外一旦你的公司破产，担保人还将承担连带的个人担保责任，这种风险是非常大的。

（五）有哪些选择

你可以评估一下自己的选择：合租、联合办公、转租、直租等。房东通常会询问，当然可能也会要求你的租赁期限必须是五到七年。如果是直租的话，有些房东可能会接受三年的租赁期限，但是要知道，你的租赁期限越长，自己的选择其实也会更多。

如果你准备直接租赁一个办公场所，而且租赁期限也比较长，那么在此之前，你也可以尝试选择合租办公场所作为替代方案，包括与其他公司联合办公，加盟企业孵化器，接

受其他公司转租的办公场所，等等。事实上，相比于直接租赁一块办公场所，上述这些选择的利弊参半，不过它们的优势是非常灵活，租赁期限长度也可以更短，适合那些不确定租赁期限的初创公司。

在一个企业孵化器（加速器），或是行政办公室中，房主通常需要承担多个租户共享办公场所带来的财务责任风险。你需要尽量避免与其他租户协作，因为这会牵扯很多事情，如办公场地要求，租户改善及相关成本，选择标准，租赁时长，以及可能涉及的法律责任。所以，有时候你以为合租会比较划算，但结果往往适得其反。不过在你支付费用的时候，最好先算算自己每平方米需要花费多少租金，这样可以做到心中有数。

另外，考虑到自己的创业进度和灵活性，你可能还会考虑转租。你可以找到一个低于市场价格的转租办公场所，但这也各有利弊，比如你会受到很多限制，无法对办公场所进行大刀阔斧的装修改造，诸如此类。即便你是一个转租人，如果承租人在未来一到五年时间内发生财务问题，那么可能会由你自己去承担相关的损失。

（六）究竟需要多大的办公场所

按照经验，你可以从每人15到20平方米的办公空间，递减到每人10到15平方米的办公空间。下面有几个步骤，或许会对你判断合适的办公场地大小有所帮助：

（1）你可以按照自己的租约期限，预估一下未来公司的人头数量。你当前要租的办公场所，应该可以满足估算未来员工数量的2/3，或3/4，不要把空间算得太死。

（2）寻找一些效率较高的办公场所。比如在办公楼里最好能找一些方方正正的办公室，而不要选择那些有角落的地方。要知道在楼层规划和布局时，绝不会有两个完全一样面积的办公室。

（3）在邻近场地寻求终止权利和扩张权利。扩展到邻近的办公场所，不会对你的公司造成太大影响。对企业而言，相邻的办公场地还是不错的。

（七）该如何缩小搜索范围

你需要走出去看看每一个可能适合的办公场所，这的确非常浪费时间。下面会为你提供一些关键变量（指标），可以帮助你缩小搜索数量，并提高搜索质量，并把你的搜索结果优化到一个可控范围之内。

（1）期限：你的租期越长，你的选择就会越多。不过有些初创公司在签了五年租赁合同之后，结果第一年就发现场地无法满足自己的人员需求了。所以公司创始人应该从多方面考虑，和房东谈一个更加灵活的租赁期限。

（2）价格：你不必专注在每平方米要花多少租金，而是首先要明确自己的办公场所租金预算和相关费用，包括停车费、公共事业费、清洁费、拆迁费、承租人改善、保险费用、家具以及其他费用。这些预算成本费用都应在你的考虑范围之内。

（3）布局：你需要明白，在一栋大楼里，绝不会有两个完全一样面积的办公室。

（4）便利设施：厨房、休息室、共享会议室、食堂、交通、停车率、安全、高速互联网、高品质浴室，甚至是足够的电源插座，这些都是你要进行考量的东西。

(八) 停车状况如何

停车成本会占到你预算的一部分。如果你询问户主，他们通常会说，我们停车场的车位足够了。但是你要明确数量，在签订合同的时候，必须亲自到停车场看看，确定自己可以使用的停车位数量。到很远的地方停车会给员工和客户带来很多麻烦，成本也较高。

(九) 该如何确定办公室的正确位置

确保关键员工的办公室位置不要距离自己太远。大多数员工都希望自己的办公室位置能足够方便。另外，如果经常有客户到办公室来拜访你，那么还需要考虑是否要划出一块较为隐私的区域出来。

第二节 新企业的生存管理

一、新企业生存管理的特点

新创业的企业在建立之初，会有 1~2 年或者更长时期的初创期或者叫生存期，这一时期企业往往面临着新的市场建立、寻找固定的或潜在客户、企业内部组织形式的确立、企业制定发展战略、修改发展方向等一系列问题。在这一时期，企业应当以生存为第一要务。创业初期的企业订单往往会对企业的生存起到重要作用，因此经营活动就成为企业最重要的问题。但是这一时期的企业也会面临许多问题，这些问题不能得到及时解决，企业也会陷入困境。因此创业者在新企业建立之初，往往会发现手头的工作繁杂而琐碎，这也是新企业发展的必经阶段。以下是我们列举的新创企业的除经营之外的其他问题。

首先，新企业的内部管理问题。由于新企业规模较小，因此在组织结构、人员设置上会有很大的缺陷，如多数企业在开业之初会采取雇佣兼职的财务人员以减少成本，但是这会造成企业财务管理不便。其次，企业的现金流问题。由于企业现金流动性较差，不能对抗市场风险，在遇到非系统风险时，往往会导致现金流断裂，企业破产。一项调查发现，在企业创建的最初两年是企业发展的生存期，虽然企业的发展各不相同，但是企业最初的两年时间是最容易破产或者消失的两年。即使企业可以勉强生存下来，但是由于新企业的市场狭窄，客户群单一，一旦订单减少，客户出现流失，也会使企业出现生存危机。新企业在建立之初，所面临的问题往往是生存管理。只有度过了生存期的企业，才能走上发展的道路。

这一时期的创业者应当充分了解新企业管理的特点，才能进行有针对性的管理。新企业的管理特点体现在以下几个方面：

(一) 新创企业管理的重点是避免现金流的断裂

作为一个新创企业来说，由于没有经营历史、没有销售业绩、没有信用记录、没有抵抗风险的成功案例，因此很难得到银行的贷款。而企业的启动资金已经在创业过程中被消耗得所剩无几，因此资金困境始终是困扰企业发展的困境之一，新企业在资金管理上必须想尽一切办法保证现金充足。在企业发展初期，企业需要想方设法用自有资金创造自由的现金流。以往企业破产的案例告诉我们，企业即使已经获得了足够生存的订单，但是由于没有生产资金，仍然会走上破产之路。因此，一个新创企业的管理者应时刻关注现金流的管理，这是第一重要的事情。企业的生产准备至少要保证充足供应半年到1年的时间，以确保企业生产经营活动的顺利进行。

（二）新企业的团队管理，应当是一种"所有人做所有事"的群体管理模式

新企业的"所有人做所有事"的管理方式是一种在企业内部组织结构尚未完成时，人员较缺乏、一人多责时可以采用的一种管理方式。新企业建立之初，员工与领导人之间的界限较为模糊，管理者对公司的具体事务亲力亲为，企业会建立一种平等、团结，具有亲和力和凝聚力的企业文化。员工在参与公司管理时，也会更加努力与积极，使公司建立起一种平等、和谐的企业文化。在新企业发展过程中，需要特别重视企业的目标与绩效管理。

（三）创业者在管理新企业时，需要深入企业运作细节来进行管理

创业者在企业新创时期，需要亲力亲为，深入生产第一线，跑市场，亲自与顾客谈判，甚至需要亲自装车、运输、亲自制订财务计划、制定薪资标准等，这些细节的掌控，可以使创业者迅速向管理者转变，可以使创业者全面而准确地了解企业的发展，而且也可以为企业的员工树立工作榜样。随着企业度过生存期，企业的规模不断扩大，公司的结构组织也日趋完善。这时候创业者就不需要再深入细节了，主要进行全局掌控、制定公司的战略发展就可以了，这也是为什么新企业的管理者比普通企业的管理者更加忙碌的原因。

【扩展阅读】

企业管理中的目标与绩效管理

企业目标管理是以一种目标为导向、以人为中心、以成果为标准而使组织和个人取得最佳业绩的现代管理方法。目标管理的特征包括：① 共同参与制定。② 与高层一致，即下一级的目标必须与上一级的目标一致，必须是根据上一级的目标分解而来，所有的下级的目标合并起来应当等于或者大于上一级的目标。③ 可衡量，即在目标管理中，所设定的目标必须符合SMART（目标管理）原则，即具体的、可衡量的、可接受的、现实可行的、有时间限定的。其中，可以衡量的关键在于事先双方需约定衡量的标准，这个标准同时也是事后评估的标准。④ 关注结果，不论对于企业管理者还是对于企业员工，目标管理关注的都是结果——目的达成了没有，而不是"工作"或"活动"的本身或过程。⑤ 及时的反馈和辅导，反馈就是将下属的工作状况与设定的目标进行比较，并将比较结果告诉下属，使下属自己纠正偏离的行为。这里，反馈是帮助下属纠偏，而纠偏最终是由下属自发地、主动地、自主地实行。除此之外，管理者还要对企业成员进行辅导，以帮助员工提高工作能力。⑥ 以事先设定好的目标评估绩效，由于企业员工共同制定了企业目标并且共同制定了企业的目标，并且共同约定了绩效考核标准，因此作为目标的执行者，在评估绩效时，就会容易很多。

所谓绩效管理是指管理者与员工之间在就目标及如何实现达成共识的基础上，激励和

帮助员工取得优异的绩效，从而实现组织目标的管理方法。绩效管理的目的在于通过激发员工的工作热情和提高员工的能力和素质，以达到改善公司绩效的效果。

在企业中，各级管理者和员工为了达到组织目标共同参与绩效计划制定、绩效辅导沟通、绩效考核评价、绩效结果应用、绩效目标提升的持续循环过程，绩效管理的目的是持续提升个人、部门和组织的绩效。对于新企业来说，绩效考核的目标并不是难点，难点在于对绩效的评估。作为企业的领导者，绩效的评估直接影响企业员工的工作效率。在新企业中，由于员工数量较少，也会有一些成员曾经参与创业，这就是创业者在管理时，不能兼顾目标与绩效，有时会出现不公平的现象。这种现象如果多次发生，则会使员工产生情绪，这对前期发展是极其不利的，这一点创业者要注意避免。

绩效管理所涵盖的内容活动，它所要解决的问题主要包括：如何确定有效的目标？如何使目标在管理者与员工之间达成共识？如何引导员工朝着正确的目标发展？如何对实现目标的过程进行监控？如何对现实的业绩进行评价？如何对目标业绩进行改进？在绩效管理中的绩效与很多人通常理解的"绩效"不太一样。在绩效管理中，我们首先认为绩效管理是一种结果，即做了什么；其次是过程，即用了什么样的行为做的；最后绩效本身是数字。因此绩效考核只是绩效管理的一个环节。

二、新企业成长的驱动因素

企业度过生存期之后，会快速进入成长期。这一时期，企业的订单增加，销售收入不断增加，市场逐步扩大，企业运营流程不断完善。这一时期，创业者的管理方式不同使企业走上截然不同的成长道路，如果创业者坚持创业思想，仍旧敢于不断创新和突破，企业就会不断发展壮大，但是也有可能造成企业的冒进，使企业陷入困境。还有一部分企业家会选择小心谨慎地维持企业的小幅度进步，企业的发展较为缓慢或者长时间不发展。

新企业的成长是一个特殊的过程，每一个企业的发展都具有不可复制性，但是同时又有可以借鉴的地方，新创企业成长起来的驱动因素包括以下几个部分：

（一）创业者的驱动

创业者创办企业，是企业的灵魂，发挥着决策人与领导人的作用；同时，创业者在企业中担任着多种管理角色，领导企业的发展和扩张；创业者还是企业的家长，带领企业战胜各种困难，在逆境中奋进，在顺境中壮大；创业者是否具有企业发展愿景，是企业成长与发展的关键因素；创业者必须具有使企业发展的欲望，使企业的产品投入市场，获得利润；企业与创业者第一次获得成功之后，创业者会获得巨大的成就感。如果创业者是一位成长型的创业者，在成长欲望的支配下，会将企业的利润不断投入到企业的发展中，企业会走上扩张、壮大的道路。而如果创业者是生活型的创业者，企业往往会稳定的生存，长期保持创业初期的状态。

（二）创业团队的驱动

创业团队是影响新企业成长的重要因素，企业建立之后，创业者的角色由创立者变成了管理者，创业者的管理能力直接关系到企业的发展。企业的管理问题，在经济学中被称为"逆向选择"。所谓逆向选择，是指随着企业需要的雇员人数增加，找到合适雇员、安排适当的岗位并提供充足的监督。企业成长的速度越来越快，管理者考虑岗位应聘者是否合格的时间会变得越来越短。同时，对于核心团队的凝聚力建设也会由于时间的减少而减少，创造团队会面临解体的可能。在创办企业之后，团队中的角色会不断增加，对与增加的团队成员，由于创业时间比较晚，会与最早的创业团队成员发生股份利益的争论。作为一个高明的管理者，一定是一个能够平衡各方面利益关系使企业继续前进的人。

（三）市场驱动

市场的作用在促进企业高速发展的过程中起着不可替代的作用。在现实社会中，没有一家企业可以在没有竞争的环境中生存下来，竞争的市场环境可以促使企业不断研发新的产品、不断增进自己的服务、改善与客户的关系、更加快地适应市场的要求，从而使企业获得发展。另外，企业成长也意味着要从竞争对手手中抢得一定的市场份额，对手的报复也将开始。一位成功的管理者应当在企业建设过程中制订出应对这一切的计划，在这种报复过程中，新企业成长得将更快，也将变得更强大。

（四）财务驱动

之前我们在讲创业时讲到了企业的现金流管理，对于一个新企业来说，现金流管理意味着企业的生命线。新企业创建之初可能会面临承担很多订单，但顾客的支付比较滞后的情况，这就容易导致一个新企业可能有 100 万的应收账款但是负担不了 5 万元的账单。因此，新企业必须谨慎地管理现金，以确保维持足够的流动性来发放薪水和支付其他的短期债务。新企业也会遇到价格及成本的增加，这都会影响企业的发展。新企业的规模相对较小，应对新情况要比成熟的企业快得多，对于市场的变化也有更加灵活的掌控，这些都是面对价格变化时企业的优势。

（五）技术创新驱动

设计、生产和销售一款新的产品是增加企业收入和盈利的一种方式，也是企业成长的一种驱动因素。在很多快速变动的产业中，新产品的开发与研制本身就是一种竞技的需要。如计算机软件行业，软件企业必须有正在开发的新产品，对于某些新企业来说，研发新技术和开发新产品，本身就是一种生存与发展的必需。

（六）企业文化与品牌驱动

新企业的成长过程同时也是企业进行自我宣传，以及与其他企业进行合作的过程，企业文化直接关系到企业的外部形象；企业品牌是一个企业产品的信誉度的直接体现。作为一名企业的管理者，注重企业的文化建设，可以在一定程度上弥补企业其他方面的劣势，对企业的招聘、融资、宣传等起到良好的作用。同时，对于企业自我建设来说，一个企业的文化是企业发展的目标，在企业的内部招聘管理招聘中也有着巨大的作用。

三、新企业成长的管理策略与技巧

经历了创业的艰难,创业者成功地建立自己的公司,如何使新企业获得健康快速的成长是摆在每一位创业者眼前的事实。在创业初期,企业的生存是最重要的,但是公司的成长阶段更是危机重重,因为一些不可预见的风险往往在创业者毫无准备的情况下突然出现,使企业蒙受损失,甚至有经营失败的可能。对处在成长期的企业进行管理,创业者需要做好以下两件事:

(一)制定公司发展战略,为公司成长做好准备

公司在初创时,需要创业者全身心投入,也正因为他深入细节,忙于各种具体事物,所以对企业的发展前景几乎没有时间进行考虑。在成长期的企业,如果遇到一个好的发展机会,如公司的业务受到客户青睐,或订单的需求量大增时,创业者往往感到明显的准备不足,从而错失企业发展的良机。因此在企业进入成长期后,创业者应当尽快改变自己的角色,变成一名成功的管理者,并且为企业制订相应的成长计划,使企业获得良好的发展。

(1)要为自己企业的成长做好准备。这些准备包括至少要拥有一支经验丰富的顾问团队,在企业的创业时期,团队成员往往是睡在上铺的兄弟和志同道合的朋友或亲戚,但是在企业的发展过程中,创业者会发现"义气"与"利益"并不能兼得。到了企业的快速成长期,因为有更多的企业发展的决策需要制定,如果有一支经验丰富的专业人士组成的顾问团,在企业的成长过程中提供指导,才能使企业获益匪浅。此外,创业者还应该有专业人士来协助制定企业的成长策略、监管体制。这样的企业更加符合现代企业的发展。如聚美优品网站的建立,CEO陈欧在发展初期,正是因为获得著名天使投资人徐小平的帮助,才使企业获得成功。创业者利用创业计划建立了企业,而企业成长计划则可以帮助创业者不断拓展业务。成长计划应当是一份企业整体成长的策略,包括特定的执行计划与执行时所需要的资源,设立管控机制;相应的运营资源等。

(2)留意企业成长的因素。公司度过生存期之后,创业者往往有松了一口气的感觉,但是实际上这种想法是非常错误的。因为扩展业务就像上战场一样只有知己知彼方能百战百胜,企业管理者需要时刻关注业界的整体变化,专注机会全力投入,找准机会扩大生产,企业不断发展创新。影响企业成长的因素包括:① 创业者的意图。有些创业者只是希望获得较高的财富,享受行业带来的利润,而另外一些创业者则希望企业能够快速发展,成为行业的领头羊,创业的意图不同,导致企业发展不同。② 目标市场性质。目标市场的规模及其购买力对企业成长程度及速度会起到制约的作用。③ 竞争。创业者选择哪些人作为竞争对手将会影响企业的市场界定,新创业的企业如果打算与规模更大的、根基稳定的老字号硬碰硬,就是在自找麻烦,最好是创造一个尚未拥有强势的对手存在的客户市场空间,以便在大公司插足此项服务之前站稳脚跟。④ 业界对创新的态度。进入所在行业的障碍及客服所需要的代价等。

(3)企业的成长需要创业者对未来的展望。展望前景对于创业者来说就像黏胶一样,通过一个共同的目标将企业当中的每个人都牢牢黏在一起。虽然不做长期打算,企业可能在一定时期内赚钱,但是想要永久经营,展望是必不可少的,企业必须界定自己的核心价

值,并且要求每一位员工都参与其中,这对新企业也来说是容易实现的。

(4)为企业选择正确的成长策略。企业成长策略包括在既有市场中的成长、在业界内成长、在业界外的成长、在全球领域内的成长。其中,新创业的企业应首先考虑在企业所在的市场范围争夺更多的客户,不断挖掘既有的市场,不断研制新产品或提供服务项目,销售给既有的客户。考虑企业的成长,其中的新问题就是拓展市场争夺新的客户,采用市场兼并或并购等措施。

(5)正视成长策略中遇到的问题。不管成长策略考虑的多么周全,还是可能遇到异样的问题,并且无法对所有可能出错的事情做出预测。因此,创业者必须小心关注一些危险信号,提醒自己。遇到的问题包括:管理问题、与客户沟通不畅、缺少财务分析等。

(二)确立制度,建立完善的人力资源管理模式

许多企业在快速成长的过程中总会遇到困难,主要原因之一在于没有确立有效的制度及管控,企业的管理需要行事准则及程序规范,只有设置相互制裁的机制才可能保证公司没有偏离目标。确立制度及管控的目的就在于管理组织的各项活动,以确保公司在持续成长的过程中能达到预判的业绩。

人力资源的管控包括:建立完善的聘请、留用及解雇员工的制度,同时兼顾员工培训与发展。对信息资源的管控意味着掌控情报,以期维持市场竞争力,如销售预测、市场分析及生产规划等。

1. 建立能干的专业管理团队

仅仅依靠创业者的实力与专业技能,在一定的时间里公司是能够正常运转的。然而,创业及度过初期难关的技巧与才能并不足以将公司推进到下一个阶段。当公司面临扩张,由小型企业发展成为中型企业,或是由中型企业发展成大型企业时就需要专业的管理技能,然而这些技能却是大多数创业者所不具备的。在企业进入成长期后,只有那些在财政管理、市场营销、企业经营等公司核心功能运作方面拥有丰富经验的专业人才,才能实施有效的管理,也只有他们才能建立起适当的体系、制度,使公司在更高的水平的竞争领域具备能力,能与其他大公司争夺市场,他们还能够为企业主提供正确的策略,以便管控日益增大的需求量。

2. 建立能够随机应变的弹性组织形式

刚起步的企业应当采用一种弹性的企业组织形式,才能快速适应环境生存并且更有能力做出改变。弹性的组织可以使新企业在市场中更加灵活,由于企业小巧,应变能力强,在与秩序井然的大公司竞争时既有一定的竞争优势,可以快速地找到自己的特殊市场定位,还可以为想要快速适应市场变化的大公司提供服务。在企业的管理中,这种扁平的组织形式可以通过较少的中层环节使领导者的决策更快地被全体员工所熟悉,有利于企业的发展。

3. 寻找并聘用一个顾问团体引导公司成长

当企业进入高速成长期时会遇到许多专业化的问题和困难,寻找一支专业的顾问团体为企业出谋划策,可以使企业少走弯路,快速成长。一个人才济济的顾问团队可以为企业带来新空气,帮助企规划未来的前景,还可以为企业带来一些全新的创意。在组织企业顾问团队

时,最好能有一些专业人士,如会计、银行职员、其他公司的 CEO、律师等。建立高效的顾问团是一件费时费力的事情,但是我们不建议让自己的朋友或家庭成员加入顾问团。

4. 积极寻找投资人,带动企业发展

对于创业阶段的企业来说,私人投资者是企业资本来源的好渠道。因为私人资本本身往往就是个企业家,他理解创业者的辛劳。创业者一定要注意建立自己的人际关系网,以便在自己需要资金时有所准备。

(三)关注市场,积极寻找并保持企业的竞争优势

所谓企业的竞争优势就是将企业与市场上的竞争对手区分开来的特点,这应该是企业的创新之处,而并非是产品或者服务。如著名企业海尔电器,就是靠着独特的经营理念与企业文化而闻名于世。

要找出企业的竞争优势,需要对企业所处的整个产业有一定的了解,每一种产业无论多难经营,仍然有许多机会来创造竞争优势。创业者需要每时每刻仔细审视自己的企业,为了把握即将到来的机会,必须要做好必要的资源及运营规划。企业的管理者应当在这个瞬息万变的时代,随时注重最终各种变化以便把握时机,夺取优势。企业的竞争优势需要考虑以下几个方面:

(1)特许经营能使业务获得有效成长。特许营业就是将成功企业的整体经营方式卖给其他企业主,企业提供的是一项产品或者服务,既有好的市场,也有知名的商标、会计及财务控制系统、营销计划、大批采集购、统一进行广告宣传等好处。代销者只需要自行承担设备、店面的花销,并且付给加盟费用及特许经营使用费等。著名的特许经营如麦当劳等企业都是采用此方法。新成长的企业既可以加盟特许经营来化解企业在产品可信度、经营管理能力、资本需要、经营经验等方面的风险,也可以宣传使自己成为特许经营上游的企业,以使自己的产业迅速成长。

(2)建立合作伙伴可以加速企业成长。企业必须与其他企业建立合作伙伴关系,取长补短,这样才能加速企业的成长,这类伙伴关系又称策略联盟。策略联盟有很多好处,创业者可以将部分业务承包给其他公司,将自己的精力、时间、资源集中在企业所擅长的领域。如果能够选择行业的佼佼者作为合作伙伴,企业获得的整体质量提高,远胜独自生产获得的成就。

【扩展阅读】

客户手工艺金属制造公司是美国伊利诺伊州的一间小公司,在 20 世纪 80 年代后期,该公司的主要客户是摩托罗拉。当时,摩托罗拉决定减少供应商的量,而让保留的厂家成为事业伙伴。对于手工艺金属公司来说,他必须考虑这家电子业大亨分享商业机会,或是要冒着失去这个大客户的风险。结果,选择了建立伙伴关系,并且意外地发现自己大有收获,不仅从摩托罗拉公司那儿学到了改革创新的方法,而且随之也有能力为客户节省成本。事实上,该公司在 10 年内,年营业收入从 600 万美元上升至 3000 万美元。

(3)制定完善的科技策略,并使其成为企业的竞争优势。当今时代,科技的影响可以从产业的面貌行径中得到体现,科技的进步打破了长久以来存在于产业界的藩篱,建立崭

新的、更具创新精神的新型企业。成长中的小企业在科技与资讯的获得方面，丝毫也不逊于强大的竞争对手。研究表明，企业的失败最关键的因素之一是管理不善，而科技策略也属于管理方面的问题。例如，我们现在的商业交易更讲究及时性，不但在信息的接受与传送上，甚至是在信息的获取上，这种及时性都是以前所不具备的，我们可以做到在全球任何角落都能够进行交易。

（4）制订资金管理计划，积极筹资来帮助企业成长。企业从创业之初就会经历一个长期的企业资金短缺的状况。此时企业的资金往往会用来维持企业的正常运转，企业的成长计划需要创业者继续筹资来完成。比起创业时期的筹资来说，这一阶段会容易得多。但是创业者需要知道的是企业的成长资金应当如何使用，并且应当投入一定的筹资成本。

（5）充分利用客户资源，制定企业成长的战略。创业者都应当明白，是客户在养活自己的企业，客户才是自己的老板，没有客户就没有生意。一个成功的企业在每一个环节中都应听取客户意见，从产品的开发、设计，到生产、交易等。企业的管理者不仅要想到令客户满意，还应更多地寻求能更好地服务客户的方式。企业的经营者需要注意搜索客户的资料，思考客户的需要。例如，著名的餐饮企业海底捞，就是依靠服务于客户，提升满意度获得了成功。

（6）利用网络寻找并留住潜在的客户，也是企业快速成长可利用的条件之一。据统计，全世界人口的35%左右都在使用网络。因此，现代化企业，即使是那些传统行业的企业，也应该学会利用网络获得成功。在企业初创的时候，销售量的增加有可能需要付出高昂的广告费用，但是通过网络来投放广告借以增加知名度，可以使企业降低广告成本，扩大企业的销售。另外，企业还可以通过发送邮件的方式，让企业在还没有自己的网页之前获得知名度，可以使企业降低广告成本，扩大企业销售。企业还可以加载一下企业的趣闻或资讯，从而帮助客户更快地了解企业，带来忠实的客户。企业需要不时提供新东西将老客户留下，目标就是让客户成为企业的回头客。

企业面临的问题就是吸引潜在客户的注意，在网络以外宣传推销自己的网站，利用名片、企业的宣传物品等来吸引客户的注意。将企业的网站与其他兼容网站链接在一起，例如开办旅行社的企业与度假中心链接在一起，这样客户在登陆度假中心网页时可以直接连上旅行社的网页，定下旅游行程。

（四）建立自己的企业文化，创造企业的核心价值

研究发现，企业文化对企业的获利及发展贡献巨大，研究人员对企业文化的定义并不一致：有些人认为那是创业者核心价值的外在体现，应该是持续不变的，也有人认为企业文化会随着公司组成人员的行为及态度而有所改变。无论你同意哪一种观点，企业文化既是公司特有的经营方式，也是公司全体人员创造出来的独特气氛以及他们做事的方式方法。

那么如何定义你的企业文化呢？创业者首先需要问自己几个关键性的问题。

（1）你希望员工如何工作？融入团队还是单打独斗？

（2）贵公司应对变化的方式是什么？

（3）贵公司如何面对失败？

（4）如何做出决策？由谁做出最关键的决定？

（5）如何排定工作的优先顺序？
（6）如何在组织内、外分享信息？
（7）在决定方面，公司是以长期还是短期为着眼点？
（8）公司如何确保员工的能力表现？
（9）公司是否鼓励多元化发展？
（10）公司如何对待员工？员工在公司的前景规则中扮演何种角色？

举例而言，一个采用团队合作、崇尚合作、能从失败中吸取教训、授权各级做出决定能够自由交换信息的公司，与一个奖励个别行为表现、逃避失败、限制信息流通、决策由上达下的公司是很不同的。显而易见，前一个公司比较有弹性，能适应快速变化的环境。

企业文化的重要性在于他对公司的变现有重要的影响，如果企业成员有共同的核心价值，则企业文化就更有重心，也较易达成目标。创业者在招募团队时，必须寻找一些具有相同核心价值观的人，才能融入企业文化。招募人才并不是一件容易的事情，大多数新企业在招募时只重视应聘者的技能，其实企业在招聘时应将应聘者的工作态度、主动性、沟通技巧及个性考虑在内。

（五）企业的成长需要不断学习，不断创新以实现快速增长

当今世界各国的联系越来越紧密，事情变迁的速度也越来越快，而且由于科技应用，资讯也更加容易获得，大多数企业也难以在一个稳定的环境中生存。今天，成功的企业必须不断地进行改变。

在这样的环境中，企业必须为自己设定一个学习模式，开发一套不断寻求新资讯并运用于企业的系统。彼得·圣吉（Peter M. Senge）在他的新书《第五项修炼》中强调，未来的趋势是，企业应该是那些鼓励公司各级从一个人、团队到部门、组织不断学习的类型。

一个学习型的组织首先应当关注信息的更新，更重要的是应该把重心放在组织与个人的不断更新上。创业者应当要求企业中的每一位成员都为其设立发展目标，目标的制定要具体并具有可行性。无论雇员选择哪一种目标，管理层都有责任帮助他们，通过培训、引导、支持等方式帮助他们。前景规划也是企业发展成功的一个重要组成部分，前景规划不是自上而下的指令，而是一股推动组织成员努力达成企业目标的凝聚力。例如，某个科技公司的产品开发小组在公司面临危机时，被迫研制一种新型电脑。在此工程中，发现软件的设计进度严重滞后，为了挽救公司，这群工程师牺牲了自己的时间与健康，拼命赶工，几个昼夜就完成了两三个月的工作量。这种努力、合作的态度正是共享前景的证明。

新企业从创立之初就应当将创新视为企业发展动力。企业的创新中最能推动企业发展的就是创新模式，如果企业的业务是研发科技产品或是网络服务，那么传统的经营模式就不会带来更多利润；如果企业生产的是科技产品，那么其应用周期就会不同大多数其他产品。

在引进新产品时，特别是那些会在市场中掀起革命的产品，首批购买者就是我们所说的"早期使用者"。这些人不断地寻找新产品，而且希望自己是第一个拥有者，他们往往会参与科技研发者的"贝他（Beta）测试"，以便在新科技产品上市之前找出问题，这对于新科技产品的生命周期来说是一个关键时期。主流市场还未能对新产品完全认同时，会在旁边静观其变，这被称为"断层期"。如果早期采用者对产品相当满意，并且口碑相传，市场

就有可能从旧科技全面转向新科技，也就是新产品扬眉吐气的时刻了。企业一旦度过"断层期"，就可以开始寻找特殊利益市场，这时候必须尽可能地找出更多的利益市场，并维持其动力。正是在对科技渴求的推动下，企业才能进入超速成长期，如果企业事先未能做好准备，成长可能逆转，不但无法满足客户的要求，更有可能被竞争对手超越。

【扩展阅读】

上市与否必须仔细斟酌

在商业社会中，最刺激且最能感受到绝对权利的莫过于股票首次公开上市。当然，在当今网络市场中，Geocities.com，Amazon.com 等网络公司不但吸引数以百万美元的投资资本，并且市场价值也高涨至数 10 亿美元，自然大家都一窝蜂跟风上市，对于那些幸运的企业家来说，这可算是他们所经历的最精彩的探险，但对于其他企业主来说，即使没有遭受灭顶之灾至少也是犯了巨大的错误。1996 年，加拿大阿尔伯达省加力市的一间办公室，装潢公司史密德国际公司公开上市，并在一天之内集资 4200 万美元。但是 4 个月后，由于亚洲金融危机以及国际业务大幅下滑，该公司每股 20 美元一路下挫至 5 美元。该公司裁剪了 350 名员工之后，又引来投资者的极端不满，因此，史密德集资 4200 万美元顷刻间变成了重负。这个例子或许反映了公开上市公司最大的缺点，一旦上市，你首先就要对股东负责，而公司的目标只得退居第二。由于美国证券交易管理委员会已把小公司上市的手续简化，成本降低，所以很多小公司都争相走上市之路。上市是募集巨额免息资本的渠道，可以资助公司的成长与发展、付清债务或进行产品的开发，公开上市的公司在业界中也较有声誉和影响力，比较容易进行第二次股票发行以募集资金或以股票做借款。而且，上市公司也因可以提供员工股票选择权而较易吸引人才。

不过，企业老板也应该仔细考虑一些负面问题。经统计，上市公司中，只有 58%目前仍然在某些股市挂牌。更值得注意的是，其中只有 1/3 的股票价值高于当初发行价。

公司上市成本昂贵，通常不少于 30 万美元，这个数字还不包括 7%~10%的承销商佣金。上市过程也是费时的，许多大老板都表示自己在上市的准备工作中大概要花上 4~6 个月时间，而且每周的大部分工作时间都用在上市相关事务上。

一旦上市，公司的一切行动都变成公开消息，公司的年度财务报告也不例外。同时，美国证券交易管理委员会也对财务报告有严格的要求。最后一点是，上市公司将承担极大压力，为了满足投资者就必须在短期之内提供给他们一定的股利，或许不得不牺牲公司的长远目标。

公司上市与否是一个重要的决策，影响重大。正在考虑上市策略的企业老板应该向有经验的前辈请教，仔细考虑利弊得失。如果保持公司文化，达成长期目标对你而言十分重要，或许你应该选择寻求私人投资者的资助。

四、新企业的风险

新企业在生存与成长过程中，由于外部环境的突变与内部环境的不确定性，因而面临一些风险。但同时新企业由于自身的规模与经验不足，以致风险的抵御能力低下，这些都是企业失败的原因之一。

（一）风险的概念与特征

企业风险是指企业的一种变化，是企业决策者对未来的决策及企业外部环境的突变而造成企业的收益预测与实际情况产生偏差的情况。企业中的风险通常具有不确定性与不可预测性，同时创业者也应该明白，企业的风险是不可避免的。新企业由于规模较资金不足，经营渠道、市场、客户等资源缺乏造成应对风险的能力不足，这是普遍存在于新企业甚至中小企业的现象。

在企业管理中，风险管理作为一门新的管理科学被广泛的研究。保险学者威廉姆斯在《风险管理与保险》一书中指出："企业风险管理是通过对风险的识别、衡量和处理，以最少的成本将风险导致的各种不利后果减少到最低程度的科学管理方法。"

（二）新企业所面临的风险类型

新企业的风险包括：缺乏流动资金、缺乏日常管理、缺乏支持系统、缺乏消费市场等。

（1）缺乏流动资金。创业者的创业资金流动不充分或将过多的资金投放在企业固定资产等方面，致使处于起步阶段的新企业缺乏流动资金，从而影响企业的生存与发展。

（2）缺乏日常管理。新企业在起步阶段，各项生产经营活动千头万绪、齐头并进，团队成员均忙于各项事物，创业者自身管理能力不强，新企业管理难以摆脱混乱、无序的局面，给新企业生存带来困难。

（3）缺乏支持系统。为了新企业经营活动的顺利起步，创业者需要与政府管理部门、投资商、供应商、股东和消费者等主动接触与沟通，并形成有利于新企业生存的社会网络系统。如果创业者得不到各方面的支持，创业者就会失去竞争优势。

（4）缺乏消费市场。新企业处于起步阶段，生产经营活动的成功与失败取决于市场对其产品或服务的检验结果。若创业者判断不准确，过高地估计企业产品或服务的市场前景，以致产品或服务的销售收入与企业市场预期目标相差甚远，进而使新企业收支持续不平衡。

（三）新企业的风险控制与化解

（1）建立科学的决策制度，有效规避风险。由于对风险管理的重视，一些国际大企业都建有一套比较系统科学的应对风险的管理方法。借鉴这些大企业的风险管理经验，新企业可以根据自身的经营特点、资源、管理理念、战略目标和外部环境，建立适合自己应对风险的管理方法。例如，新创企业发现从事某一项活动会涉及过高的风险时，创业者应当立刻做出决策，减少或放弃这项活动，以便减少甚至完全避免风险。避免风险可以有两种方式：一种是完全拒绝承担风险，另一种是放弃原先承担的风险。然而，这种方法的适用性很有限。首先，避免风险会使企业丧失从风险中可以取得的收益；其次，避免风险的方法有时并不可行。举例来说，如果一家运营企业为了规避铁路运输所带来的延时的风险而选择公路运输，那么企业管理者就有可能遇到诸如车祸等货物被损的风险。因此创业者在做出决策前，需要对两种运输方式做出权衡，再行决策。

分散风险是指企业采取多元化的经营、投资、筹资策略，以及吸引多方供应商、争取多方顾客，达到分散企业各种风险的目的。它是以不同产品和服务满足不同市场需求，求得市场综合发展的一种策略。人们日常说的"不要将所有的鸡蛋都放在一个篮子里"讲的就是风险分散的原理。

新企业为了避免自己在承担风险后对其经济活动的妨害和不利，可以事先对风险采用各种不同的转移方式。例如，新创企业可以通过保险或非保险形式转移风险。现代保险制度是转移风险的最理想方式，新创企业特别是中小企业应当增强保险意识，即使当新企业在资金缺乏的情况下，也应当在财产、医疗等方面投入保险，把可能存在的风险损失转移给保险公司。

新创企业还应当建立完善的组织形式，健全企业的各项制度，以保证企业能够有效应对风险。

（2）建立完善的财务制度。财务制度是企业化解风险的有效手段，新企业成长初期，创业者需要亲力亲为，编制好财务计划，做好财务预测，制定并实施日常的财务管理制度，有效控制成本，增加收入，要知道资金特别是现金流是企业生存并发展的保证。

（3）建立健全企业的人力资源管理制度。人力资源的有效管理，对人才的有效利用可以保证企业的公平竞争，激发企业职工的主人翁意识。新创企业由于规模小，人才相对比较缺乏。而且由于发展空间有限，人才特别高素质的管理人才，技术骨干流失严重。因此，对于新企业来说，建立切实有效的激励机制，激活企业的人力资源更有其必要性和紧迫性。激励机制充分激发员工的积极性、创造性，挖掘员工的潜能，把员工个人的发展与企业的发展紧紧联系在一起。

（4）加强信息建设，建立数据分析系统。为了有效防范风险，信息充分是风险管理成功的基石。新企业在数据保管方面存在不足，往往成为风险管理的一大障碍，因此必须建立健全风险信息系统，才能及时识别风险，正确评估风险并反馈结果。企业还可以在信息系统的基础上，建立预警机制，设置预警指标体系及其值域和临界点，迅速捕捉风险前兆，提醒决策者和管理者及时采取防范和化解措施。新企业在开拓市场与潜在客户时，更要及时处理与外部的事项、活动及环境等有关的信息，与外部顾客、供应商、政府主管机关和股东等利益相关者有效的沟通，确保市场、政策、技术等外部信息及时输入内部，这样可以有效地弥补公司内部控制的缺失。

（5）要设置完善的风险学习机制，不断增强风险控制与化解能力。风险知识的学习和积累是企业获得和保持风险管理能力的一项重要途径。时代的快速发展，带动产业的发展，使企业每天需要应对千变万化的市场、客户等内容。研究表明，没有一个企业可以一成不变的经营，即使是国际大企业也需要不断变换经营模式，以适应国际市场的发展。作为新创业的企业，在应对风险方面既有有力的一面也有不利的一面。针对此种情况，创业者更应当不断学习，不断提升管理能力。企业的学习还应包括全体成员的共同学习，企业应当建立一种长效的学习机智，营造一种平等竞争、激发智慧的环境，弥补个人与团队的能力差距，不断地获取知识、更新知识、使用知识、创造知识，从而不断强化现有的风险管理能力。从这个意义上看，风险的学习机制决定了中小企业在风险中成长的实践路径和抵御风险的能力大小。

【课堂讨论】

周某经营他的维修站已经20年了。这20年中，每一件事情他都自己亲自去做，抽燃油、修发动机、修轮胎、开拖车、记账、扫地等。

周某是一个讲义气、爱交朋友的好人，他工作勤奋，诚恳待人，顾客口碑很好，经过多年的经营，他的维修站已经具有一定的规模，而且生意一直十分红火。现在，他觉得再也不能这样事事亲为了，他决定雇一个帮手。对他来说，下这个决心并不容易。这些年来，他已经习惯于独闯天下。在他的维修站附近，有好几家小企业，它们都曾经招聘过帮手，但缺少称心如意者。这其中的酸甜苦辣周某一清二楚。不过，周某想如果他采取正确的方法来招聘员工，未必会发生别的企业那样的事情。他的想法是这样的："我实际上面临的是两个问题，一是寻找合适的工人。我应该做好下面几件事情：① 理清楚什么工作是我想让帮手去做的，什么工作是我想留给自己去做的；② 记下新员工必须做的每一项工作，我得把工作中的每一个细节交代清楚，这样我的帮手就能准确的理解我希望他做什么；③ 搞清楚我想要找的是什么类型的工人，我不想让每个人都觉得他能够胜任这份工作，我的企业对于我来说非常重要，我希望的帮手不仅熟悉维修站的各项业务，而且知道如何招待顾客，让顾客高兴而来满意而归。二是在做完上面这些事情之后我将会起草一份招聘广告，并把我需要帮手的消息发布出去，我不仅要把广告贴遍整个村镇，而且要贴到附近的村镇上去，这样求职者就会很多，我选择的余地越大，因而越有机会找到我需要的合适人选。"

请你在阅读上面的材料之后思考：
1. 周某招聘员工的具体步骤有哪些，请记录下来之后进行讨论。
2. 你同意周某关于一个好老板的看法吗？
3. 你是否认为管理员工的能力是创业者必须具有的一项重要能力？
4. 你怎么理解"人事管理"的含义？

第三节 新企业的经营管理

一、新办企业人力资源管理

（一）初创企业人力资源管理的特征

与成熟企业相比，初创企业在所需资源、组织架构、企业文化以及投资回报等方面所面临的问题更为严重。

（1）初创企业大多资源有限。人、财、物是企业正常运营的基本条件，而对于一个初创企业而言，其资金来源受限较多，财务状况比较差，外购物料或设备需求往往得不到满足，更加不用说挤出有限的资金用于员工激励，甚至有时连员工工资都不能准时发放。

（2）初创企业组织架构配置不完备。初创企业大多是由研发人员组成的，但即便是从产品研发组织方面来说，其人员配备不一定能够齐备，其他辅助部门比如行政、采购、物流等人员配备往往是一人身兼数职，难以使整个企业的工作顺利进行下去。

（3）企业文化的推动力不够。初创企业的主要管理人员忙于具体琐碎的工作，没有时间也没有精力关注企业文化的培育。在流程没有形成规范的前提下，更加需要企业文化的推动，确保员工的工作自主性和协作精神。

（4）项目投入回报周期长。初创企业因为产品的创新需求、技术积累的局限性、人员配置的不足、资源的有限性等诸多因素，其项目周期均比较长，需要有足够的耐心获得投入回报。

所以，初创企业资源紧缺，工作开展困难，不具备有效的制度、规范和流程等，企业的经营和管理会比较杂乱，效益自然会受到影响，人力资源的管理面临更大的挑战，员工激励具有更大的困难和复杂性。

（二）初创企业人力资源管理的现状

随着时代的发展，市场环境变得越来越自由，许多初创型企业如雨后春笋般地出现在我们的生活中，这些初创型企业不仅在一定程度上增加了国家税收，更解决了许多大学生"就业难"的问题。但是，初创型企业一般规模小、风险大、各种管理制度不健全，处于在摸索中前进状态。人才是决定企业生存和发展的关键要素，初创型企业在名气和实力方面远不及在市场中摸爬滚打十数年甚至数十年的成熟企业，它不可能依靠自身知名度去吸引人才。加上初创型企业人力资源制度不健全，员工忠诚度较低，人才流动性较大。

1. 初创型企业管理主要以合伙人管理模式为主

在现如今的企业管理中，人力资源的管理已经成为企业管理的主要方面，人才的竞争已经成为市场竞争的主要竞争优势，在这一形式下，人才管理显得更为重要。而初创型企业大多都是以合伙的形式而成立的，这样可以分散风险，也能实现创立更大规模企业的愿望。在合伙企业的人才管理模式下，合伙人及管理者比较信任自己的生意伙伴，在这样的情况下部分合伙人便会出现任人唯亲的现象，将自己的亲朋好友都拉到企业里，不管他们是否能够胜任，长久以来就会造成管理混乱，而其他的员工看到这样的现象也不会选择长期留在企业，因为他们看不到企业的发展，也看不到自己的晋升空间及日后的发展。初创型企业的这种人才管理模式存在着严重的问题，制约着企业的发展。

2. 初创型企业领导者缺乏人力资源管理的观念，导致人才配置不合理

虽然近年来我国部分企业越来越重视人力资源的管理，但是仍然存在部分企业将人才管理简单地认为是人事管理，没有认识到人力资源管理的重要性。初创型企业中，主要是企业所有者对企业进行管理，而他们大多由于缺乏人力资源管理经验和知识，而造成人力资源浪费。正是由于初创型企业人力资源管理的缺陷性导致企业无法引进所需的人才，而在现有的人才管理上也是出现了留不住人才的现象。再加上某些管理人员的个人素质不高以致无法发挥出人才的潜力，能力无法施展，造成了人才的浪费。

例如，部分初创型企业的管理者在选拔人才的时候只考虑人才的高学历，不管是否适合企业岗位的发展，是否具有真正的实际操作能力，只是凭借一纸证书就选择、聘任到企业的相关职位上。长此以往，不重视对企业人才的培养、培训以及考核等方面的管理与提升，以致企业花了高额的费用却聘任了没有实际操作能力的普通职员。因此，初创型企业对于人才的管理缺乏真正的管理意识、观念及方法。

3. 初创型企业的薪酬管理制度不健全，造成人才流失

在我国的初创型企业中，企业通常会出现固有的一种现象，就是企业的人员流动比较

频繁，主要是企业基层的人员流动性较大。

首先，因为初创型企业的人员初期构成主要是基础的业务员、技术人员和管理层。基础的业务员占据着企业人员的主要方面，企业对于他们没有太多的专业性的要求，因此这些人员在有待遇较好的企业可选择时，就会选择离开现在的企业。在这种没有特殊要求的职业下，薪酬的高低成为员工是否留在企业的主要考虑因素。

其次，专业性的技术人员紧缺。主要因素是初创型的企业大多聘任的都是没有太多实践经验的专业技术人员，这样的人员需要一定的培养周期，因此在短时间内无法胜任工作。而对于成熟的专业性的技术人才，初创型企业一般比较难留住这样的人才，因为企业在这一时期无法给他们提供满足他们发展的平台。他们考虑到自身的发展也会选择离开企业，而进入更大更成熟的企业发展。

4. 初创型企业人力资源管理缺乏激励制度，导致人才流失

随着经济的快速发展，社会的不断进步，现实社会给人们带来了更多的物质以及精神财富，同时也带来了一定的压力。人们在面对这样的生活时就会产生更多的需求，单一的工作报酬已经满足不了人们生活的需求。而初创型企业的人力资源管理制度中缺乏对于调动员工积极性、充分挖掘员工的潜力的激励制度。员工在这样的一种环境下无法实现自身价值，面对生活的压力以及自我价值实现的差距，自然会选择离开企业。

（三）初创企业人力资源管理的方法

1. 创新观念，制定人力资源管理规划

企业的长期发展离不开企业人才的贡献，人才竞争已经成为当今企业竞争的主要因素之一。企业要想在激烈的竞争中处于不败之地，而且能够可持续地发展下去，必须要重视人才的管理。

首先，企业的管理者必须要认识到企业目前的现状，同时能够认识到人才的重要性，要用发展的眼光去看待企业未来的发展，更新陈旧的管理理念，用创新的思维来进行人才的引进与管理。

其次，为了实现企业管理人员的观念的改变以及创新，管理人员可以通过参加相应的管理培训班，通过对新的管理理念及方法的学习，寻找适合自身企业发展的新的人力资源管理制度，完善企业管理的不足之处。

最后，在企业发展的过程中，管理者要善于发现自身的不足之处，并且能够认识到自身的不足。通过引进高学历、高能力的专业性的管理人员来帮助企业进行人力资源的管理规划。在企业的不同发展阶段制定出合理的人力资源管理制度，重视企业的人力资源管理，并为企业的发展创造良好的条件。

2. 建立有效的人力资源选拔制度

初创型企业想要在竞争激烈的市场中长久有序发展，必须重视人力资源管理，吸引企业所需的各方面人才。初创型企业起步时公司各方面条件不够完善，在一定程度上缺乏吸引力，所以，企业管理者应当根据本企业的实际情况，创造良好的工作环境，提供合理优厚的待遇吸引人才为企业效力。

许多企业在招聘时侧重寻找有工作经验的人才,认为这样可以有效节省人才培训成本。其实不然,许多有经验人士离职有可能是因为无法胜任工作,或者对之前工作不感兴趣,或者是员工自身性格问题,在团队意识方面存在不和谐因素等,不利于企业发展。所以,一些"有经验"的员工倒不如刚踏出校门、如一张白纸般的学生,他们更容易接受新生事物,没有条条框框的限制,可塑性较强,可以成为公司重点培养的对象。另外,企业在选拔人才时应当更加注重适才,只有适合本企业发展的人才是最有价值的,这样也可以有效避免一些优秀人才分配不到适合自己岗位的情况,而造成人力资源的巨大浪费。

3. 建立科学的绩效考核制度

建立科学完善的绩效考核制度有助于企业的人力资源管理,通过对员工各项业绩的考评与综合评价分析,形成一定的流程与制度,明确反映员工的能力与表现。根据员工综合能力的评价,对员工进行适当的奖励。对于表现不理想的员工进行定期培训与学习,让员工在企业工作的过程中不仅能够获得工作报酬,而且能够学到一定的知识,不仅能够丰富自身的知识,更能够吸引人才在公司长久发展下去,为企业今后的发展做出贡献。

初创型企业在发展的过程中由于不太成熟,必然会有人员波动的现象,在这样的情况下企业加强对员工的绩效考核的管理,科学合理地制定考核制度,使人才能够认识到企业的发展,感受到企业未来的发展方向,同时也能够看到自身未来的发展方向。

4. 构建激励晋升机制

初创型企业在成立的初期避免不了各种问题,人力资源管理方面的问题只是一个方面。但是,面对企业存在的问题,初创型企业首先必须要做好人力资源管理,人才是企业的重要竞争力,没有了人才的优势,企业也不会长久发展下去。而初创型企业不同于已经处于成熟发展期的企业,它没有完善的人力资源管理机制,对于人才的管理与引进等都存在着一定的难度。但是,初创型企业因为处于起步期,因此员工的发展空间比较大,没有内定的规定,员工可以充分发挥自身的才能,从而获得自身价值的实现。

因此,初创型企业要建立完善的激励晋升制度,让员工明确看到自身发展的空间与方向,这样一来员工才能够得到发展进步,才能够跟随企业发展,企业才能够留住人才。

二、新办企业的财务管理

(一)财务管理在初创企业中的重要性

财务管理是企业管理活动最重要的组成内容,但在创业初期往往对财务管理认识不足,将重点放在产品的开发与经营上,忽视了财务管理在企业中的重要性,以致成为创业失败的主要原因之一。而财务管理,一是有助于企业的发展。财务管理是创业初期的薄弱环节,是限制企业做大做强的瓶颈。对于初创期的管理者而言,缺乏相关的创业知识和创业实践,财务管理的水平低,会计基础工作薄弱。通常他们简单地把财务工作看作一种记账手段,不能很好地分析和利用会计信息,对财务也没建立科学的管理理念和做法,如筹资成本、投资风险、赊销商品等存在一些不科学的做法,导致筹资成本高、投资风险大、赊销坏账多等阻碍企业发展的结果。二是有助于提升企业融资能力。初创企业,规模小,融资的渠道窄，抵御风险的能力差，如果提高企业财务管理水平，可以合理安排资本结构，制定科学合理的财务战略决策，降低投资风险，优化资本结构，提高初创企业的融资能力。

（二）初创企业财务管理面临的问题

虽然小微企业创业具有一定的有利环境，但是由于他们在创业初期存在经验不足、意识偏差等问题，而疏忽了对企业财务的管理，导致创业成功率低，总结起来主要存在如下问题：

（1）对创业资金估计不足，企业缺乏流动资金管理。创业初期面临的一个最大问题就是资金问题。由于很多创业者缺乏经验，缺乏对市场细致调查的情况下，对项目资金进行了一个大致的估计就开始启动项目。殊不知公司一开张，做什么都要花钱，但是进账之前没有一个创业花钱的前期计划，没能注意节约成本，控制好一个时间段的开支，以致资金不足，企业开业没多久就背上了资金缺乏的包袱。反之，有些企业却又出现资金闲置，造成资金浪费的现象。还有的初创企业采用商业信用促销，但由于应收账款管理水平有限，很多货款无法如期收回，因此也常造成资金流动不畅，资金链断裂。

（2）公司缺乏基本的财务制度，缺乏专业会计。创业之初，在财务管理上，公司易陷入比较尴尬的境地。第一种是缺乏财务管理意识，创业者重经营轻管理，尤其是财务管理。比如说会出现个人说了算、对人不对事、任财务唯亲等诸如此类的现象，财务制度不健全，财会人员不专业，这导致财务人员无法利用公司的会计资料为公司的财务战略做出决策。第二种是财务管理有清晰的认识，能认识到它的重要性，积极聘请专业的会计。但是新创的公司在实际运作中，财务量少而简单，导致财务人员由于无事可做或者觉得没有挑战性而出现频繁的更替现象。第三种是请代理记账公司的人员代理记账，但是由于代理记账人员或是新手，或是一人服务多人的原因，代理记账只是完成记账这一事情，并不会对公司的会计资料进行汇总分析，更别说帮助公司制定财务战略决策。

（3）融资的渠道单一，资金投入多，产出少。小微企业创业由于资信水平低、偿还债务的能力弱，同时又缺乏相应的资产抵押，以致很难获得银行贷款，资金的来源主要是创业者自有资金和各种风险投资。利润最大化是每个企业财务管理的最终目标，但是由于上述种种原因，即使银行同意贷款也会因为高风险而提高银行贷款利率，从而提高了筹集资金的成本。企业成立之初，由于产品质量暂未稳定，商场销售渠道还有待打开，因此现金的流出很容易超出现金的流入。

（三）初创企业财务问题的解决方法

（1）高校应加强创业教育，培养学生的创业意识，构建相关知识体系。创业不成功的原因虽然很多，但是没有创业的相关知识和创业实践是最主要的原因。所以高校应该加强大学生创业方面的教育，增强学生的创业和企业管理能力。在讲授财务管理的同时，理论联系实际，增加创业的实例，增加风险投资、创业管理内容的培训，让学生在学习的过程中重点领会行业与市场、融资计划、财务预测、财务管理、风险控制等内容。

同时建立创业中心等组织机构，将学生导入创业的环境，为学生提供一个与企业家、风险投资人、发明家、政府官员等各类人士沟通交流的平台。

（2）加强学习，重视财务管理工作。财务管理是企业管理的核心，只有明确它的重要性，加强企业财务管理才能满足新形势下创业的需要。创业者要改变对财务管理的盲目性、随意性，对财务管理有一个明确的概念。要将企业财务管理与家庭财务管理分开，建立科学合理的财务管理制度，如财产清查制度、成本核算制度、财务审批制度等。另外，创业者也需要加强财务管理知识的学习，不能仅仅将财务工作当作一种记账的手段，要学会分析利用会计信息，只有懂规则、懂专业知识才能有效地进行公司财务管理，进而为公司做好财务战略决策。与此同时，创业者还要着手培养专业的财务管理人员，提高全体员工的法制意识，加强员工的法制观念，让员工在企业管理中发挥参谋和决策的作用。

（3）多方拓展融资渠道，降低企业融资成本。资金是企业的血脉，从根本上保证了企业的可持续发展。新创企业除了由创业者增加投资、抵押贷款、争取股权投资、融资租赁等方式融资外，还应该积极拓展新的融资方式，如天使投资、孵化器融资等。天使投资虽然是一种高投入、高风险，但也是高收益的投资，如果能充分利用，可以缓解初创企业前期的资金瓶颈问题；而孵化器融资可提供资金支持、硬件、软件到最后企业成功孵出的各项服务，借助它可以帮助企业应对初创期的诸多风险和困难，增加企业的竞争力，可以最大限度地降低企业的失败率。另外，随着我国资本市场的开放，外资银行的进入也为企业融资带来了希望。总之，企业应该寻求一种较低的综合资金成本的融资组合，而正确计算以及合理降低资本成本则是制定企业融资决策的基础。

财务管理是企业管理的一项基础性工作，但往往又是在创业初期容易忽视的问题，只有认识到财务管理的重要性，改变对财务管理认识的偏差，加强自身学习，掌握财务管理基本知识，重视财务管理专业人才的培养，才能为企业制定科学合理的财政战略决策，改善企业管理状况，提高企业的竞争实力，才能为企业的可持续发展奠定良好的基础。

三、新办企业的客户关系管理

许多新办企业的创业者由于社会经验不足，在人际关系的处理上比较欠缺，因此，他们在制订创业计划时，只注重自己的产品或服务，往往忽视了客户服务，在客户关系的管理上存在着诸多不足，从而导致了客户的流失，影响了他们的创业效果。

（一）初创企业客户关系管理的内涵

客户关系管理最早是由美国计算机技术咨询集团提出的。其对客户关系管理的定义是：为企业提供全面的客户视角，使企业积极与客户进行沟通和交流，从而使客户的收益最大化。客户关系管理主要是通过建立一个完善的系统，从而使企业更好地为客户而服务，并在销售、市场竞争上形成全面协调的关系。其主要是为了更好地吸引新客户，更好地保留老客户，从而可以将已有的客户转变为忠实的客户。

创业者在创业时，需要制订创业计划书。在制订计划书的时候，很多创业者更加重视资金的投入、运用以及企业经营的状况等，但是往往易忽略客户服务这一点。在初创企业发展的初期，很多企业受到融资、产品推广等很多的问题，因此，往往也会忽视客户关系的管理。

（二）初创企业客户关系管理中存在的问题

1. 小企业创业阶段客户服务比较简单

在创业的初期，很多创业者经验不足，或者阅历较浅，因此，导致企业无法明确客户的需求，同时，他们往往受到资金条件的限制，所以，在进行市场调查时，缺乏全面的分析。因此，初创企业定义的服务客户的内容比较简单。但是，一个企业要想获得长远的发展，只是满足简单的客户需求是远远不够的。

2. 小型企业的硬件和软件不够完善

对于初创企业来说，融资难是一个重要的问题。而且，在创业的初期，长期受到资金不足的影响。企业缺乏必报的资金，因此，在客户服务上往往不够完善。在购买专业的客户管理软件时，大学生初创企业往往需要承担较大的风险，很多企业在客户关系的处理上遇到了一些障碍，因此，导致客户的流失，而且很多客户的忠诚度也不够。

3. 忽略客户关系的维护

目前，初创企业在发展的前期，往往需要扩大市场，以求在市场中占有一席之地，从而更好地吸引客户，因此，企业在吸引新客户上会增加投入，但是初创企业往往受到资金、设备等条件的限制，所以，更加重视交易之前和交易过程中保证客户的满意度，而对于后续的维护工作往往投入不足，从而造成了一些老客户的流失。

（三）初创企业客户关系管理的方法

对于任何一个企业来说，企业利润的来源和客户有着密切的关系。新创业者刚入行，社会经验不足，在经营企业上还存在着诸多的不足，也没有足够的人脉。因此，要重视对客户关系的管理。小企业往往没有充足的资金购买专业的客户管理软件，但是，由于小企业的规模较小，业务量较少，因此，通常可以通过人工管理，实现对客户的管理。

1. 全面了解客户

在创业初期，要对客户的需求进行全面调查，对客户的基本信息进行归档，如客户的姓名、年龄、兴趣、爱好等，并对这些个人信息进行私密保管，保护客户的个人隐私。企业要掌握消费者的消费心理、消费行为等，从而可以根据客户的需求来制订出相应的服务计划，以便可以更好地满足客户的需求。

2. 根据搜集的客户信息，对客户进行分类

在企业中，可以对不同的客户进行分类，如有一些是固定消费的客户，有一些是不定期消费的客户或者偶尔消费的客户。企业可以对客户的消费频率进行划分，对他们进行不同的分类，并建立顾客价值矩阵，从而可以帮助企业分析客户的价值。同时，加强对重点客户的管理，当可以为客户提供更加满意的服务时，可以使部分客户带来一些新的客户。而对于中间层次的客户来说，要使他们成为中坚力量，并使他们创造出更大的价值。而对于不确定的用户来说，若能够使他们转化成高层次的客户，则最好；若难以获得长期的价值，则要从降低服务成本着手。

3. 重视和客户之间的沟通和交流

企业在与客户沟通和交流的过程中,可以向客户传输一些关于商品和服务的信息,从而在交流中联络感情,并保持稳定的客户关系。企业还可以充分利用现代技术,加强和客户之间的沟通。这种方式可以增强客户的满意度,从而提高他们对企业的忠实度。

4. 重视客户关系的维护

随着市场经济的发展,客户资源成为一个至关重要的因素。初创企业要想提高自身的竞争力,就要采取有效的措施,吸引更多的客户。高度重视维护客户的关系,增强客户的满意度。

在企业运营的过程中,客户关系管理发挥着重要的作用。在创业之初,创业者更要重视客户关系的管理。客户是企业重要的资源,也是企业利润的重要来源。要全面了解客户;根据搜集的客户信息,对客户进行分类;重视和客户之间的沟通和交流;重视客户关系的维护,从而促进初创企业的发展。

本章小结

初创企业是创业者将想法变为实际项目的重要环节,创业者必须要为自己的企业进行注册,选择合适的企业形态并进行科学选址,这是企业健康成长的保障。新企业为了生存和发展的需要,必须要做好风险、人力资源、财务、客户关系等方面的管理工作,找到适合自己企业的管理方法和措施。

本章主要知识点:企业注册、公司制企业、创业选址、生存管理、风险控制、现金流管理、人力资源管理。

复习与思考

1. 如何为初创企业选择一个合适的法律组织形式?
2. 新企业注册的流程有哪些?
3. 创业者在创办企业时必须考虑的法律问题有哪些?
4. 如何为新企业进行选址?
5. 新企业的生存管理内容有哪些?
6. 初创企业如何做好现金流管理?
7. 如何做好新办企业人力资源管理?
8. 如何做好新办企业的财务管理?
9. 如何做好新办企业的客户关系管理?
10. 以小组的形式调研2~3家企业,详细了解其开办过程及在创业阶段遇到的关键事件,讨论其行动策略及对后续成长的影响。
11. 以小组的形式考察2~3家新企业的成长过程,对其注册、选址以及处理与利益相关者关系的重要事件进行分析整理。

参考文献

[1] 创业指导课题组. 大学生创业指导教程[M]. 2 版. 北京：中国传媒大学出版社，2015.
[2] 张玉利. 创业管理[M]. 3 版. 北京：机械工业出版社，2014.
[3] 郑晓燕，相子国. 创业基础[M]. 成都：西南财经大出版社，2013.
[4] 李家华，张玉利，雷家骕. 创业基础[M]. 2 版. 北京：清华大学出版社，2015.
[5] 侯文华. 大学生创新创业教育课程[M]. 北京：科学出版社，2012.
[6] 陈春龙，杨敏. 大学生创业基础[M]. 杭州：浙江大学出版社，2007.
[7] 张玉华，王周伟. 创业基础[M]. 北京：清华大学出版社，2014.
[8] 叶智美. 创业教育的重点：让学生掌握识别创业机会的策略[J]. 教育学术月刊，2011（6）.
[9] 岳甚先，陈曦. 创业机会识别影响因素整合模型的构建[J]. 湖北经济学院学报，2012（2）.
[10] 田志龙，盘远华，高海涛. 商业模式创新途径探讨[J]. 经济与管理，2006（1）.
[11] 付志勇. 向外国企业学习商业模式（上）[J]. 装备制造，2010（11）.
[12] 付志勇. 向外国企业学习商业模式（下）[J]. 装备制造，2010（12）.
[13] 阮德胜，胥兴贵. 试论企业的风险管理[J]. 商场现代化，2008（12）.
[14] 刘玉. 浅谈大学生初创企业的财务管理[J]. 时代金融，2012（24）.
[15] 张兆曦，赵新娥. 大学生创业企业财务管理存在的问题及对策[J]. 会计之友，2013（19）.
[16] 苏晓枫. 初创型企业人力资源管理现状、问题与对策研究[J]. 商场现代化，2017（1）.
[17] 刘伯川. 大学生初创企业的客户关系管理[J]. 现代经济信息，2016（19）.